**Gebrauchsanweisung
fürs Lesen**

Felicitas von Lovenberg bricht eine Lanze fürs Lesen – gerade heute, wo immer mehr Ablenkungen um unsere Zeit konkurrieren. Sie schildert, wie es das Selbstbewusstsein stärkt und die soziale Kompetenz fördert. Welche Lesegewohnheiten und -orte es gibt und was sich hinter Trends wie Deep Reading verbirgt. Sie geht auf Lieblingsbände und Entdeckungen ein; erzählt vom wechselhaften Schicksal von Bibliotheken und Bücherwänden. Davon, welche Romanfiguren besonders dazu einladen, sich in ihre Leben hineinzuversetzen – und wann es gefährlich wird, die Heldinnen unserer Lektüren zu imitieren. Weshalb man bei Kindern nicht früh genug mit dem Vorlesen anfangen kann, was es mit Leselisten und Literaturkanons auf sich hat. Vor allem aber ist ihr Buch eine Liebeserklärung ans Lesen.

Felicitas von Lovenberg, 1974 geboren, wuchs im Münsterland auf und studierte in Bristol und Oxford Neuere Geschichte. 1998 trat sie in die Feuilletonredaktion der Frankfurter Allgemeinen Zeitung ein; später leitete sie das Literaturressort. Seit 2016 ist sie Verlegerin des Piper Verlags. Sie lebt mit ihrer Familie bei München.

Felicitas von Lovenberg

Gebrauchsanweisung fürs Lesen

PIPER

Mehr über unsere Autoren und Bücher:
www.piper.de

ISBN 978-3-492-27717-4
3. Auflage 2018
© Piper Verlag GmbH, München 2018
Satz: Fotosatz Amann, Memmingen
Umschlaggestaltung: Birgit Kohlhaas
Umschlagmotive: Dieter Braun
Bezug: Baronesse von peyer graphic gmbh
Druck und Bindung: CPI books GmbH, Leck
Printed in Germany

»Das Paradies habe ich mir immer als eine Art Bibliothek vorgestellt.«

Jorge Luis Borges

»Lesen stärkt die Seele.«

Voltaire

Für alle, die vom Lesen nicht lassen wollen

Inhalt

9 I. Wozu überhaupt lesen?

58 II. Wie lesen? Wann, wo, wie oft – und wann man aufhören sollte

89 III. Was lesen? Von der Suche nach den richtigen Lektüren

118 Und wer mehr übers Lesen lesen möchte

122 Abdrucknachweise

I. Wozu überhaupt lesen?

»Ich kenne das Vergnügen des Nichtstuns absolut nicht. Sobald ich kein Buch mehr in der Hand halte oder nicht davon träume, eines zu schreiben, überkommt mich eine solche Langeweile, dass ich laut schreien möchte.«

Gustave Flaubert

Ganz gleich, ob man es als die schönste Haupt- oder Nebensache der Welt betrachtet, ob man lebt, um zu lesen, oder liest, um zu leben, ob man ein Bücherregal hat oder viele, eine ganze Bibliothek sein Eigen nennt oder lediglich einen Reader, ob man ein selbst erklärter Bücherwurm ist oder eher ein Ich-wünschte-ich-hätte-mehr-Zeit-zum-Lesen-Leser: Wenn dieses Büchlein Sie angelacht hat und Sie danach gegriffen haben, muss man Sie wahrscheinlich nicht erst von der Notwendigkeit und dem Glück der Lektüre überzeugen. Ein Buch übers Lesen, das wäre auch mir bis vor Kurzem ähnlich überflüssig erschienen wie ein Sandkasten in der Sahara.

Doch während das Lesen in der zweiten Hälfte des vergangenen Jahrhunderts seinen historisch gesehen gewaltigsten Boom erlebte, weil immer mehr Menschen immer mehr Zeit im Alltag hatten, die sie bevorzugt mit einem Buch in der Hand verbrachten, weil Bücher unter und in den Leitmedien eine Vorrangstellung einnahmen und das Gespräch über wichtige neue Titel ein nahezu gesamtgesellschaftliches war, weil die Auswahl an passenden Büchern für jede Art von Leser stetig zunahm und weil sogar das Fernsehen Büchern und dem ernsthaften Gespräch über Literatur Raum und zuschauerfreundliche Sendezeiten einräumte, erscheinen Gegenwart und erst recht Zukunft des Lesens deutlich unsicherer. Statt zum Buch greifen Menschen zum Smartphone, von wo sie immer weniger Schrift- und immer mehr Sprach- und Videonachrichten verschicken, ihre freie Zeit verbringen sie bevorzugt mit dem Anschauen aufwendiger Fernsehserien, und wenn sie sich Büchern und Autoren widmen, tun sie das zunehmend lieber im Pulk als allein. Während Literaturfestivals und Literaturhäuser sich immer größeren Zulaufs erfreuen, Lese-Communitys im Netz und privat organisierte Lesezirkel wachsen und immer mehr Menschen in Blogs und Posts andere an ihren Lektüren teilhaben lassen, scheint das Buch isoliert von dieser Betriebsamkeit und allein mit seinem Leser in der Defensive zu sein. Weil immer weniger Menschen immer weniger Bücher kaufen, gehen Auflagen zurück, Buchhandlungen tun sich vielerorts schwer, und in den Medien werden Buchbesprechungen zunehmend von aufmerksamkeitsstärkeren Disziplinen verdrängt. Schon wird öffentlich die Frage gestellt, ob das Buch womöglich am Ende sei, nachdem es sich über Jahrzehnte der größten Beliebtheit in seiner langen Geschichte erfreut hat. Sicher ist: Wir werden das Bücherlesen nur retten, indem wir es groß machen und essenziell, und nicht, indem wir Grabgesänge darauf anstimmen. Insofern ist das Nachdenken übers Lesen, darüber, was es bewirkt und auslöst, wo und wie wir es tun und mit welchen Büchern wir das Zwiegespräch suchen, kein beschaulicher Selbstzweck, sondern lustvolle Notwendigkeit. Betrachten Sie dieses Büchlein also als eine Art Beipackzettel einer äußerst gesunden Tätigkeit mit Risiken und Nebenwirkungen.

Die Vorzüge des Lesens liegen auf der Hand. Wer liest, ist nicht allein. Lesen bildet, unterhält und informiert. Es macht uns einfühlsamer, trägt zur seelischen Stabilität bei, vergrößert den Sprachschatz und fördert das kritische Denken. Es verankert uns in uns selbst wie in der Welt. Man kann es immer und überall tun, es ist für jedermann erschwinglich und für alle Lebensalter geeignet. Es hilft vielen beim Einschlafen und verbessert die Qualität des Schlafs ebenso wie die Wahrnehmungsfähigkeit im Wachzustand. Aber obwohl das Internet bewirkt, dass rein quantitativ mehr gelesen wird als je zuvor, ist die Kulturtechnik des Lesens, des Sichversenkens in Bücher, in Gefahr. Denn während man beim Bügeln, Kochen, Fernsehen oder Laufen nebenher immer noch anderes erledigen kann, verlangen Lektüren nach Ausschließlichkeit und erlauben kein Multitasking. Das macht die Entscheidung fürs Buch und das Verweilen darin für viele schwerer als früher. Auch darum führen in den Vereinigten Staaten immer mehr Schulen das Fach *Deep Reading* ein, eine Lernmethode, die Jugendliche dazu befähigen soll, längere Texte ohne größere Unterbrechungen und Ablenkung zu lesen und ihren Inhalt im Kern zu erfassen. Wer da einen Zeitungstext, eine Kurzgeschichte oder Erzählung gemeistert hat, kann sich als Fortgeschrittener an einem ganzen Buch versuchen.

Diese Gebrauchsanweisung hat indes nicht die Lektüre von Gebrauchstexten im Sinn, nicht das rasche Erfassen von E-Mails, Artikeln, Blogs oder Nachrichten, sondern das eigentliche, das gute, wahre, schöne vertiefte Lesen. Das Lesen, das jeder kennt, der schon einmal wegen einer Lektüre das Licht nicht ausschalten konnte oder eine Verabredung unter fadenschei-

nigem Vorwand abgesagt hat, um nur ja weiterzu-
lesen. Gemeint sind jene intensiven Lektüren, über
denen man Zeit und Ort vergisst, die Hunger und
Durst unwichtig machen und die einem beim Aufblicken von den Seiten die eigene Welt einen Moment lang fremd und wunderlich erscheinen lassen.
Es ist die Art Lesen, die jene praktizieren, die man
gern »Buchmenschen« nennt, also solche, »die im
Stehen, Sitzen, Liegen lesen, ihre Brut vernachlässi-
gen, ihre Haltestelle verpassen, die innerlich überbe-
völkert leben«, wie es Roger Willemsen einmal beschrieb. Es sind Menschen, denen ohne ein gutes
Buch in ihrer Nähe etwas fehlt, die unruhig und ge-
reizt reagieren, wenn sie allzu lange nicht zum Lesen
kommen, die andere Leute bevorzugt nach ihren
Lieblingslektüren befragen und denen ein Leben
ohne Literatur weder sinnvoll noch lebenswert erscheint.

»Lesen? Das geht ein, zwei Jahre gut, dann bist du
süchtig«, resümiert ein Abhängiger in einer Karikatur
von Greser & Lenz. Als jemand, der noch beim
Zähneputzen liest, im Stau und an roten Ampeln, der
ohne Lektüre schlecht einschlafen kann und morgens
extra früh aufsteht, um vor dem Erwachen der Familie etwas Lesezeit zu haben, glaube ich, zu wissen,
was er meint. Die Gesellschaft eines guten Buches
kann mir fast jede Gesellschaft ersetzen, sorgt für
inneres Gleichgewicht, lindert Ratlosigkeit, Angst

und Frustration, spendet Trost und Sinn. Lieblingslektüren sind für mich wie ein Zuhause, wo im Kamin das Feuer knistert, die Suppe auf dem Herd steht und der Hund einen freudig begrüßt. Und die großen, wichtigen Werke lösen ein demütig machendes Glücksgefühl aus, ein Entzücken und Staunen über das, wozu ihre Schöpfer imstande sind. Das sind jene Sternschnuppen-Momente, in denen ein Buch mir zuzuflüstern scheint: Schau, so ist es gemeint. Und doch ist es nicht allein dieses Einverständnis und diese Komplizenschaft, die das Lesen so verlockend macht. Wie der Schriftsteller John Green es einmal ausdrückte: »Großartige Bücher helfen uns zu verstehen, und sie helfen uns, uns verstanden zu fühlen.« Indem uns die Literatur uns selbst vergessen lässt und uns zugleich in Berührung bringt mit anderen Lebensweisen, Eigenschaften, Gefühlen, Überzeugungen und Schicksalen als unseren eigenen, lädt sie uns unwillkürlich zum Abgleich ein. Über den Kontakt mit anderen bringt sie uns so in Verbindung mit uns selbst. Diese Selbsterforschung und Vergewisserung der eigenen inneren Mitte erscheint in Zeiten des »Dataismus« (so der israelische Historiker Yuval Noah Harari), in denen zunehmend nur noch die Informationen und Erfahrungen zählen, die geteilt und in den globalen Datenfluss eingespeist werden, zentraler denn je. Lesen heißt teilnehmen, aber es ist eine innere Teilnahme. Darum bedeutet Lesen nicht einfach Rückzug und Einsamkeit, sondern es hilft uns, Entscheidungen zu treffen, Verantwortung zu übernehmen, kurz: unser Leben zu gestalten.

Werke übers das Wesen des Lesens und Schreibens, über das Leben mit Büchern, über Literatur und die Freuden, Chancen, Gefahren und ungeschriebenen Gebote der Lektüren zählen zu den Schätzen nicht nur meiner Bibliothek. Jeder Schriftsteller beginnt als Leser, und während es für Autoren so naheliegend wie aufschlussreich erscheint, sich über das, was sie tun, übergeordnete Gedanken zu machen, genügt es den meisten Lesern, sich in ihrer Leidenschaft im Bunde mit anderen zu wissen. Doch warum sollten nicht auch Leser ihre Passion einmal genauer unter die Lupe nehmen?

Vom Wort zur Schrift zum Epos

Das Lesen von Literatur ist keine solche Selbstverständlichkeit mehr, wie man gern annehmen würde. Sich in einen Text voller Komplexitäten zu versenken, sich auf oftmals widersprüchliche Charaktere und sprachliche Finesse einzulassen, kostet Zeit und fordert uneingeschränkte Aufmerksamkeit. Diese Art von Konzentration fällt vielen zusehends schwerer, auch weil Zeit zur medial meistumkämpften Ressource des Individuums in westlichen Gesellschaften geworden ist. So finden es immer mehr Menschen schwieriger denn je, Muße fürs Lesen zu finden – oder die dafür nötige innere Ruhe und Konzentration. Jedenfalls nimmt die Zahl gewohnheitsmäßiger Buchleser ab. Das Leitmedium Buch verliert an Reichweite. Noch 2012 kaufte der Gesellschaft für Konsumforschung zufolge fast jeder Deutsche mindestens einmal im Jahr ein Buch; vier Jahre später war es kaum noch jeder Zweite. Sei es, weil die Statistik, dass jeder Mensch sein Smartphone durchschnittlich alle elf Minuten zur Hand nimmt, auch von denen gefüttert wird, die es deutlich seltener tun, wir uns also insgesamt immer leichter, öfter und lieber ablenken lassen; oder weil immer mehr Menschen immer weniger gern in Geschäfte gehen, um einzukaufen; oder weil die schiere Masse an Neuerscheinungen die Entscheidung für ein bestimmtes Buch und die schiere Masse der immer neuen Zeiterfüllungsbedürfnisse die Entscheidung fürs Buch insgesamt schwieriger macht; oder weil wir von einem sehr langen, oral geprägten Zeitalter in eine visuell ausgerichtete Ära, die stärker auf Bilder als auf Worte setzt, übertreten – Bücher könnten die Dinosaurier der Zukunft sein. Wie es *Die Zeit* unlängst ausdrückte: »Das Lesen ist von zwei Seiten gefährdet, von neuer Technologie und alter Ignoranz.«

Es gibt indes neben dem schieren Vergnügen der Lektüre, von dem noch ausführlich die Rede sein wird, viele rationale Gründe, warum wir das lang anhaltende und das vertiefte Lesen nicht verlernen sollten. Zunächst einmal handelt es sich dabei um eine Errungenschaft, für die wir als Spezies in der Evolution weit vorankommen mussten. Das Aufkommen des Lesens und des Erzählens sind für die Geschichte der Menschheit so wichtig wie die Entdeckung des Feuers oder die Erfindung des Rades. Denn Lesen stellt für den Menschen keineswegs ein Grundbedürfnis oder gar eine Grundfähigkeit dar, ja unser genetisches Inventar hat uns nicht einmal zu Lesern bestimmt.

Seit Hunderttausenden von Jahren haben Menschen sich in irgendeiner Form mündlich miteinander verständigt; die Fähigkeit zur Sprache ist uns genetisch ebenso mitgegeben wie Sehen und Hören. Lesen hingegen ist keine solche Selbstverständlichkeit, im Gegenteil: Der Akt des Lesens, also die individuelle Auflösung von etwas Abstraktem in einen konkreten Sinn, vollzieht sich in unserer neuronalen Entwicklungsgeschichte nicht von Natur aus. Das lässt sich schon daran erkennen, dass es sehr lange dauerte, bis aus Sprache Schrift wurde und so jene Technik in die Welt kam, die »es erlaubt zu kommunizieren, ohne da zu sein, zu erinnern, obwohl man vergessen hatte, und Unabänderliches zu behaupten, nur weil es geschrieben steht«, wie der *FAZ*-Herausgeber Jürgen Kaube es in seinem Buch »Die Anfänge von allem« beschreibt. Die früheste Schrift ist erst etwa fünftausend Jahre alt und wurde von den Sumerern erfunden, also in der heutigen Region Iraks und Kuwaits – angeblich, weil die Boten, die von einer Ecke des Reiches zur anderen hetzen mussten, oft so lange brauchten, um bei Ankunft wieder zu Atem zu kommen und die Nachricht verständlich zu übermitteln, sodass ein beschriebener Papyrus sicherer erschien. Je schneller geschrieben werden musste und je rascher verstanden werden sollte, desto näher kamen sich Laut und Schrift, desto abstrakter und weniger bildhaft wurden die Zeichen, die zusehends nicht mehr in Stein- oder Tontafeln gemeißelt oder mit Schilfrohr oder Holzgriffel geritzt, sondern mit dem Pinsel auf Papyrus gebracht wurden. In Ägypten entstand aus Hieroglyphen ein so komplexes wie erfolgreiches Schriftsystem, das fast dreitausend Jahre lang bestehen blieb. Dabei konnte eine Hieroglyphe ebenso ein ganzes Wort ausdrücken wie auch nur einen einzelnen Laut. Der Vorläufer unseres Alphabets hingegen entstand im heutigen Syrien aus der Verschmelzung verschiedener regionaler Schriften und wurde ab 1500 v. Chr. von den Phöniziern verbreitet.

Die frühesten Schriften dienten indes nicht dem Erzählen, sondern der Verwaltung von Macht und Besitz. Sie kommunizierten die Erhebung von Steuern, Ernteabgaben oder waren Tempelquittungen. Sie entstanden vor allem in den Städten und halfen bei der Organisation etwa von Viehzucht und Getreideanbau, dienten also der wirtschaftlichen Buchhaltung. Bis die Schrift nicht mehr nur als Gedächtnis von Handlungen diente, sondern tatsächlich Erzählungen aufkamen, vergingen noch mal gut achthundert Jahre. Es war die Verehrung der Verstorbenen, deren Namen notiert und mit Gebetsformeln versehen wurden, die erst Schrift und Sprache zusammenbrachte und dann den Menschen und seine Taten. Das erste literarische Werk der Menschheitsgeschichte ist nach heutigem Stand das *Gilgamesch*-Epos, gefolgt von Homers *Ilias* und *Odyssee* sowie dem indischen *Mahabharata*. All diese Dichtungen erzählen von Heldenschicksalen und zürnenden Göttern, handeln von Königtümern, Krieg, Zwist und Niedertracht. Und es sind Entwicklungsgeschichten, die von Wandlungen und Einsichten berichten, von Läuterung und Erkenntnis. Das Erzählen diente jedoch nicht von allem Anfang an der Katharsis, sondern war zugleich ein Weg, das Absolute, also das Göttliche, auf Lebensgröße herunterzubrechen – und bot den Menschen damit selbst eine gewisse Kontrolle über das Geschehen an. Da niemand über Epen und Mythen gebietet, dürfen sich diese »etwas gegenüber den Göttern herausnehmen« (Kaube). Schließlich muss es »seine Zuhörer und später seine Leser in einer Aufmerksamkeitsspannung halten, was voraussetzt, dass im Verlauf der Erzählung Unerwartetes geschieht«. Schon das Epos setzt außerdem auf jenen Effekt, auf den sich Literatur besser versteht als jede andere Kunstform: die Einladung an das Publikum, sich in seine Protagonisten hineinzuversetzen, deren Ängste, Trübsale, Leiden und Zorn zu durchleben, als wären es die eigenen. Und bereits die frühesten Erzählungen wandten sich an das große Publikum und nicht bloß an die gebildete Schicht. Literatur war von Anfang an für alle da – erst recht seit dem Jahr 1450, nachdem Gutenbergs Erfindung beweglicher Lettern gängige Handschriften ablöste, die Produktion von Büchern revolutionierte und ihre massenhafte Verbreitung in Gang setzte.

Lesende Gehirne

Während unsere Spezies rund zweitausend Jahre bis zu jenem kognitiven Durchbruch brauchte, den das Lesen mit einem Alphabet erfordert, müssen unsere Kinder heute in rund zweitausend Tagen zu den gleichen Erkenntnissen gelangen. Das ist nur eine der vielen bemerkenswerten Tatsachen, über die die amerikanische Leseforscherin Maryanne Wolf in ihrem Buch »Das lesende Gehirn« nachdenkt.

Von unseren Köpfen, genauer: unseren Gehirnen aus betrachtet, sind Texte Landschaften, ist jeder Buchstabe und jedes Wort ein Objekt, das unser

Gehirn erfassen muss. Die neuronale Struktur, die sie miteinander in Verbindung setzt und ihren Sinn entschlüsselt, muss jedes Gehirn erst herausbilden. Wer lesen lernt, ganz gleich in welchem Alter, bewirkt daher eine Umstrukturierung seines Gehirns, da sich für diese Fähigkeit bisher unverbundene Gehirnareale auf völlig neue Art und Weise verknüpfen müssen. Diese neue Architektur eröffnet wiederum ihrerseits neue Denkweisen, sodass der Leser nicht nur auf physiologischer, sondern auch auf intellektueller Ebene Fortschritte macht und hinausgeht über das Gewohnte und Bekannte. Betrachtet man das Lesen also einmal fundamental als Ergebnis des Umstands, dass unser Gehirn durch Erfahrungen formbar ist, erscheint Marie von Ebner-Eschenbachs Ausruf »Lesen ist ein großes Wunder« nicht als emphatische Übertreibung, sondern als adäquate (und im Jahr 1912 überdies prophetische) Beschreibung der Offenbarung des Alphabets: »Was können sie nicht, die kleinen schwarzen Zeichen, derer nur so geringe Anzahl ist, dass jedes einzelne von ihnen alle Augenblicke wieder erscheinen muss, wenn ein Ganzes gebildet werden soll, die sich selbst nie, sondern nur ihre Stellung zu der ihrer Kameraden verändern!«

Zunächst noch unabhängig vom Inhalt, ist Lesen auf jeden Fall gut für den Geist – und für seine Wahrnehmung all dessen, was wir ihm durch die Augen zuführen (weshalb die Sehrinde von Lesern denn auch zahlreiche Zellnetzwerke aufweist, die bei Nichtlesern nicht nachweisbar sind). Die Wirkung zwischen lesendem Gehirn und Lektüre ist wechselseitig: Der Akt des Lesens verändert das Gehirn, indem er immer neue Verbindungen zwischen Strukturen und Schaltkreisen herstellt, und die Art der Lektüre bestimmt, welche neuronalen Nervenbahnen aktiviert werden. Insofern sind wir tatsächlich, was wir lesen.

Die Fähigkeit unserer Gehirne zum semantischen Lesen, also dazu, über die Bedeutung des einzelnen Wortes und Satzes hinausgehendes Wissen und Assoziationen ebenfalls blitzschnell hervorzurufen – beim Wort »Band« etwa nicht nur die Schleife oder das Haargummi, sondern ebenso das Aufnahmemedium, die Musikgruppe oder das Druckerzeugnis –, führt allerdings auch dazu, dass verschiedene Leser ein und dieselbe Lektüre sehr unterschiedlich erleben. Denn in jede Lektüre bringen wir unseren gesammelten Schatz an Bedeutungen und Metawissen ein – oder eben nicht. Dementsprechend nehmen Menschen, die mit einem großen Repertoire an Wörtern und ihren Assoziationen aufgewachsen sind, Texte und Gespräche intensiver und bewusster wahr als jene, die nicht über einen solchen Fundus verfügen. Dazu muss man sich nur in Erinnerung rufen, dass Kinder zwischen zwei bis sechs Jahren durchschnittlich zwei bis vier neue Wörter pro Tag lernen und Tausende in dem gesamten Zeitraum. Je mehr man mit Kindern spricht und ihnen vorliest, desto ausgefeilter wird ihr Wortschatz – und desto besser werden sie später imstande sein, Texte zu verstehen, selbst zu verfassen und sich auszudrücken. Wer nicht liest, dem fehlen später buchstäblich die Worte. Auch deswegen sind die Ergebnisse der jüngsten IGLU-Studie, nach der jeder fünfte Viertklässler in Deutschland nicht richtig lesen kann, so alamierend. Hier sind nicht nur die Schulen gefordert, sondern vor allem die Eltern, für ihre Kinder eine lesefreundliche Umgebung zu schaffen, in der Texte nicht in erster Linie durchs Starren auf Handy-Bildschirme wahrgenommen werden.

Und noch etwas: Sollten Sie beim Lesen dieses Textes mitunter gedanklich abgeschweift sein, lesen Sie richtig. Das Innehalten und Abzweigen auf eigene gedankliche Pfade ist eine zentrale schöpferische Funktion, die dem Lesen eignet. Denn die vielfältigen Assoziationen, Erkenntnisse und Schlussfolgerungen, die unser Gehirn beim Lesen aufruft, laden regelrecht dazu ein, bei der Lektüre neue Gedanken zu formen, das Gelesene gewissermaßen individuell zu komplettieren. Für viele Leser ist dieses einzigartige Zwiegespräch das eigentliche Wunder der Literatur. »Lesen heißt doppelt leben« betitelte der Verleger Klaus Piper in diesem Sinn seine Erinnerungen, und Marcel Proust schreibt in »Tage des Lesens«, seiner Hommage an die Lektüren der Kindheit: »Wir spüren genau, dass unsere Weisheit dort beginnt, wo die des Autors endet, und wir möchten, dass er uns Antworten gibt, während er uns doch nur Wünsche geben kann.«

Unseren Lektüren verdanken wir nicht allein einen Großteil dessen, was wir sind, sondern vor allem auch die Erkenntnis, was wir zu sein vermögen. Dafür bedarf es zwingend unserer Mitwirkung. Jede Lektüre beruht darauf, dass wir das, was aus Buchstaben und Zeichen Wörter formt, im Gehirn dechiffrieren und daraus etwas anderes machen, nämlich Sinn. »Wenn ein Musikstück uns noch immer die Wahl erlaubt zwischen der passiven Rolle des Zuhörers und der aktiven des Ausführenden, so macht die Literatur – eine hoffnungslos semantische Kunst, mit den Worten Montales – jeden zum Mitspieler«, sagte der große Dichter Joseph Brodsky in seiner Nobelpreisvorlesung. Und auch Margaret Atwood hob in ihrer Dankrede zum Friedenspreis 2017 hervor, dass es den Leser braucht, um das Buch zu vervollständigen, ja zu vollenden: »Ein Buch zu lesen ist die denkbar intimste Erfahrung der Gedankenwelt eines anderen Menschen. Schriftsteller, Buch und Leser – in diesem Dreieck stellt das Buch den Boten dar. Und alle drei sind Teil eines Schöpfungsaktes.«

Wenn wir lesen, nehmen wir nicht nur Informationen auf, sondern wir bilden unsere gedankliche Welt aus: Das ist die Überzeugung, für die die Leseforscherin Maryanne Wolf eintritt. Die Notwendigkeit dazu haben zahlreiche Studien belegt, doch am eindringlichsten bleibt die eigene Empirie. So schildert Proust das Lesen ein ums andere Mal als »Initiator, dessen Zauberschlüssel uns in der Tiefe unseres Selbst das Tor zu Räumen öffnet, in die wir sonst nicht einzudringen vermocht hätten«. Lesen macht uns wach und aufmerksam, verleiht Stabilität und Ausgeglichenheit in der großen Erkenntniskrise, in der der Mensch unserer Tage immer wieder glaubt, wählen zu müssen, wer er sein soll unter multiplen Identitäten, Masken und Erwartungen. Womöglich haben viele Leser ihr wahres Selbst oder zumindest ihre innere Mitte schon gefunden – und sind umso besser dafür gerüstet, sich immer mal wieder in den Schuhen eines anderen durchs Leben zu bewegen. Allerdings sollte man aufpassen, dass die Identifikation nicht zu weit geht; man denke nur an die Selbstmordwelle, die Goethes »Werther« (1774) auslöste.

Wer liest, ist gesünder, lebt länger und verdient besser

Nicht nur das Buch der Bücher hat einen Ewigkeitsanspruch. Dieser übersetzt sich zum einen in die Unsterblichkeit von Autoren wie Goethe, Dickens, Stendhal, Tolstoi oder Kafka; die Langlebigkeit des Mediums färbt aber auch auf den Leser ab. Tatsächlich hat eine weitreichende Studie der Yale University 2016 gezeigt, dass Menschen, die mindestens dreieinhalb Stunden in der Woche mit dem Lesen von Büchern verbringen, im Durchschnitt zwei Jahre länger leben als Nichtleser. Schon wer nur eine halbe Stunde am Tag liest – Zeitungslektüre nicht eingerechnet –, hat einen signifikanten Überlebensvorsprung. Das Training von kognitiven Fähigkeiten beim Bücherlesen trägt ebenso zum längeren Leben bei wie die nachweislich stressreduzierende Wirkung eingehender Lektüre (verbunden mit dem Umstand, dass Lesen meist an ungefährlichen Orten stattfindet). Als Nebenwirkung stetiger Lektüre wachsen Vokabular, Konzentrationsfähigkeit und kritisches Denken sowie emotionale Intelligenz. Dass sich in der Gruppe der regelmäßigen Bücherleser überproportional viele Frauen fanden und es sich häufig um Menschen mit höherem Bildungsgrad handelte, überrascht niemanden, der viel mit Büchern zu tun hat.

Romane bewirken aber nicht nur, dass Leser länger leben, sondern sie sind auch gesünder und stabiler. Schon Aristoteles beschrieb die geradezu kneippsche Wirkung der griechischen Tragödie: Durch das Erleben von Mitleid und Furcht in der Handlung erfahre auch der Zuschauer Heilung. In der frühen Neuzeit setzten Ärzte bei seelischen und körperlichen Leiden mitunter auf die Kraft des Humors und verordneten ihren Patienten Narrengeschichten wie

26

die von »Till Eulenspiegel«. Und im 18. Jahrhundert stellte der Psychiater Benjamin Rush (1746 bis 1813), einer der Gründerväter der Vereinigten Staaten, eine Bücherliste gegen diverse Leiden zusammen. Melancholikern legte er Novellen nahe, Hypochondern eher Gedichte. Heute gibt es die »Romantherapie« in Buchform (und mittlerweile auch eine charmante »Romantherapie für Kinder«), wo man je nach Selbstdiagnose mögliche Therapielektüren empfohlen bekommt. Die Züricher Autorin und Bibliotherapeutin Karin Schneuwly hat festgestellt, dass gemeinsames Lesen und Schreiben Patienten hilft, ihren eigenen Schmerz zu vergessen und anderen zuzuhören. Eine erfreulich klare Haltung zur Selbstmedikation vertritt Philippe Dijan: »Wenn ich mich schlecht fühle, gehe ich nicht in die Apotheke, sondern zu meinem Buchhändler.« Ich kann mich ihm nur anschließen. Meine Notfallapotheke ist das Gedichtregal, wo nicht nur Kästners »Lyrische Hausapotheke« steht, die genau für solche Situationen geschrieben wurde. Gedichte sind für mich so etwas wie Heftpflaster, die bei Schmerz und Ratlosigkeit rasch Linderung schaffen können. Wenn die Seele eine Lederhaut braucht, greife ich zu Wisława Szymborska (»Deshalb leben wir«), zu Mascha Kaléko, Rose Ausländer, zu William Carlos Williams oder, am häufigsten, zu Emily Dickinson. Überreich sind diese Bände an Momenten, in denen Welt, Worte und Leser ganz beieinander sind und eine sinnvolle Mischung ergeben. Diese Erfahrung des Wunderbaren, da die Welt in wenigen Versen so dornig schön erblüht, sprengt allen Kummer und Schmerz. Letztlich beruht jegliche Lesetherapie auf der Erkenntnis, dass Bücher eine anregende, beruhigende oder angstabbauende Wirkung haben können. Probieren Sie es doch einfach einmal aus!

Doch nicht nur Leser profitieren von den mannigfaltigen Nebenwirkungen der Literatur, sondern auch unsere Mitmenschen. Denn Romanleser – hier sticht Belletristik eindeutig Sachbuch – sind überaus versiert im Zwischenmenschlichen und nachweislich freundlicher und einfühlsamer. Da Leser darin geübt sind, sich in andere hineinzuversetzen und die Welt von deren Warte aus zu betrachten, sind Vielleser besonders empathiefähig. Und da sie dank ihrer Lektüren außerdem über einen Wortschatz verfügen, der es ihnen ermöglicht, ihre Gefühle auch auszudrücken, sind sie in der Regel gute Gesprächspartner. Von all diesen erfreulichen Nebenwirkungen profitiert nicht nur die unmittelbare Umgebung. Erst 2015 hat eine Studie des National Endowment for the Arts ergeben, dass Leser dreimal häufiger für gute Zwecke spenden oder gemeinnützige Arbeit leisten als Nichtleser.

Dass Schreiben nicht unbedingt zu größeren Reichtümern führt, weiß man nicht erst seit Carl Spitzwegs berühmtem Gemälde »Der arme Poet« aus dem Jahr 1839, der in seiner kargen Dachkammer einen Schirm gegen die Lecks im Dach aufgespannt und sich wegen der Kälte die Bettdecke bis zur Brust hochgezogen hat. Lesen hingegen zahlt sich aus. Eine Studie, die das jugendliche Leseverhalten von gut fünftausend Europäern in Bezug zu ihrem späteren Einkommen setzte, kam zu dem Befund, dass all jene Probanden, die in ihrer Jugend freiwillig Bücher gelesen hatten, später über ein um durchschnittlich 21 Prozent höheres Einkommen verfügten als jene, die dem Lesen nichts abgewinnen konnten. Allerdings reichen bereits zehn im Jugendalter freiwillig genossene Bücher, um sich aller Wahrscheinlichkeit nach für den Klub der späteren Besserverdiener zu qualifizieren – was bei allein sieben Bänden »Harry Potter« ein deutlich steigendes Durchschnittseinkommen der heranwachsenden Generationen geradezu unvermeidlich erscheinen lässt.

Lesen macht kritisch

Man kann keine Romane lesen, ohne die Welt zu betrachten und ohne sich dabei zu fragen, warum die Dinge so sind, wie sie sind. Lesen, wie Schreiben, ist Margaret Atwood zufolge »zu einem Großteil der Versuch, zu ergründen, warum Menschen tun, was sie tun«. Und je unverständlicher und fremder das Verhalten, desto faszinierender oft die Lektüre.

Ganz im Gegensatz zu früheren Jahrhunderten sind es heute vor allem Frauen, die lesen. Insbesondere die schöne Literatur würde ohne Leserinnen wahrscheinlich aussterben. Längst haben wir entdeckt, dass Liebe, Freundschaft, Zweifel, der kleine und der große Kummer im wahren Leben oft weniger intensiv sind als im Roman – und dass sie sich durch den Umweg über die Kunst besser bewältigen lassen. »Wir würden nicht lieben, wenn wir nicht von der Liebe gelesen hätten«, schrieb der große französische Moralist François de La Rochefoucauld und brachte damit bereits im 17. Jahrhundert auf den Punkt, was uns bis heute im Netz der Bücher und Geschichten hält. Bücher bereichern uns um Erfahrungen, Gefühle und Erkenntnisse, die wir ohne sie nicht hätten – und statten uns damit auch mit Vergleichsmöglichkeiten aus. Wie viele Ehen sind geschlossen worden wie die von Emma und Charles Bovary, weil sich einer der beiden – meistens die Frau – in einer Romanze wähnte, die eines großen Romans würdig wäre (und im Falle der Emma Bovary auch war), während der Mann den Sehnsüchten seiner Frau hilflos gegenüber stand? Und wie viele Frauen haben ein unzugängliches männliches Gegenüber als einen Mr. Fitzwilliam Darcy interpretiert, hinter dessen arroganter Fassade nicht nur ein Vermögen, sondern auch ein durch und durch anständiger Charakter steckt, ganz wie in Jane Austens »Stolz und Vorurteil«? Und wem wäre das Ende der wunderbaren »Anna Karenina« nicht eine Lehre, was die Belastbarkeit einer verbotenen Liebe durch gesellschaftliche Konventionen angeht? Romane machen die Gefühle groß, mitunter überlebensgroß: Liebe und Angst, Sehnsucht und Verzweiflung. Wer hätte, von einer identifikatorischen Lektüre beflügelt, noch keine Übersprunghandlung begangen, über die er später insgeheim den Kopf geschüttelt hat? Durch Romane können wir uns aber auch in verschiedenen Rollen spiegeln, ohne sie realiter einnehmen zu müssen, und sind dadurch vielleicht mitunter gewarnt.

»Lesen heißt, mit einem fremden Kopfe statt des eigenen denken«, sagte Schopenhauer, der indes keinerlei Sinn darin gesehen hätte, diese Beschäftigung Frauen, die er als das »unästhetische Geschlecht« abtat, zu empfehlen. Lektüre weckt den kritischen Geist, denn sie drängt uns dazu, Dinge zu hinterfragen. Mit dem Infragestellen wächst die Selbstreflexion und damit das Selbstvertrauen. So kommt die gewöhnliche Ordnung ins Rutschen, ebenso wie der unumstößliche Glaube an Instanzen wie Gott, Gatte, Gesetze, Gewöhnung. Darum ist die Liebe von Frauen zur erzählenden Literatur so oft belächelt und herabwürdigend beschrieben worden, gern auch von Romanciers, während es sich bei lesenden Männern vermeintlich stets um Gelehrte handelt, den Kopf randvoll mit wichtigen Gedanken. Da freut man sich bis heute an Erich Kästners »Marktanalyse«: »Der Kunde zur Gemüsefrau: ›Was lesen Sie denn da, meine Liebe? Ein Buch von Ernst Jünger?‹ Die Gemüsefrau zum Kunden: ›Nein, ein Buch von Gottfried Benn. Jüngers kristalline Luzidität ist mir etwas zu prätentiös. Benns zerebrale Magie gibt mir mehr.‹«

Für Frauen bedeutete der Zugang zu Büchern und Bildung stets einen wesentlichen Schritt zu Selbstbestimmung und Emanzipation. Eine der erfolgreichsten Emanzipationsgeschichten der jüngeren Zeit, »Unorthodox« von Deborah Feldman, handelt ebenfalls von verbotenen Lektüren und der Weigerung, diese anzuerkennen. Feldman schildert, wie sie sich in einem kleinen Judaika-Geschäft in Borough Park abseits ihres Williamsburger Wohnviertels unter fadenscheinigen Vorwänden eine Übersetzung des Talmud besorgt. Sie will endlich die Wahrheit wissen, Antworten finden, die ihr in der Schule vorenthalten werden. Und schon auf Seite 56, wo die Rabbiner über David und seine Frau Batseba streiten und die junge Leserin ahnt, dass es mit der Heiligkeit und Vorbildlichkeit des jüdischen Königs nicht ganz so einfach ist wie gedacht, dämmert ihr, warum es Mädchen nicht erlaubt ist, den Talmud zu lesen: »Eines Tages werde ich zurückblicken und verstehen, dass genau dieser Moment, da mir bewusst wurde, wo meine Macht lag, zugleich einen Schlüsselmoment in meinem Leben barg, an dem ich aufhörte, an Autoritäten um ihrer selbst willen zu glauben, und damit begann, meine eigenen Schlüsse über die Welt zu ziehen, in der ich lebte.«

Solche eigenen Schlüsse bereichern und verkomplizieren das Zusammenleben der Geschlechter ungemein. Die leidenschaftliche Leserin Elke Heidenreich stellt im Vorwort zu dem beliebten und schönen Bildband »Frauen, die lesen, sind gefährlich« die interessante Frage, ob Männer und Frauen sich besser verstehen würden, wenn Männer so viel läsen wie Frauen. »Wüssten sie mehr von unserem Leben, Denken, Fühlen, wenn sie Sylvia Plath, Virginia Woolf, Carson McCullers, Jane Bowles, Annemarie Schwarzenbach oder Dorothy Parker läsen, so wie wir ja auch Hemingway, Faulkner, Updike, Roth, Flaubert und Balzac lesen?« Lesend fällt der Rollen- und damit auch Geschlechtswechsel leicht. Und Heidenreich bekennt, sie könne überhaupt nur Männer lieben, die läsen, »die plötzlich mit diesem Blick hochschauen, von weit her kommend, weich, mit einem Wissen nicht nur über sich, sondern auch über mich«.

Leider ist diese Liebe nicht unbedingt wechselseitig. Frauen lieben Männer, die lesen, aber Männer lieben in der Regel keine lesenden Frauen. Das erfährt auch Lenù, die Icherzählerin von Elena Ferrante, die mit ihrer Neapolitanischen Saga eine temperamentvolle Emanzipationsgeschichte durch Bildung geschrieben hat, als ihr Freund Antonio ihr auf Lilas Hochzeit entgegenschleudert: »Wie einen Scheißidioten hast du mich aussehen lassen. Weil ich für dich eine Null bin. Weil du ja so gebildet bist und ich nicht. Weil ich nicht kapiere, worüber du sprichst. Und es stimmt ja auch, na und ob, ich kapier's wirklich nicht.« Und wie so oft soll auch hier der Zorn und die Anerkennung der physischen Machtverhältnisse den geistigen Unterschied kompensieren, denn Antonio fährt fort: »Aber verdammt noch mal, Lenù, sieh mich an, sieh mir in die Augen. […] Du weißt alles. Aber du weißt nicht, dass ich, wenn du jetzt mit mir durch diese Tür gehst, wenn ich ›jetzt ist gut‹ zu dir sage und wir zusammen weggehen, ich dann aber merke, dass du dich in der Schule oder sonst wo mit diesem Pisser Nino Sarratore triffst – dass ich dich dann umbringe, Lenù. Ich bringe dich um.«

Lesend lässt sich aber auch lernen, dass Klugheit nur denen abgeht, die ohne auskommen müssen – und man sich anderen zuliebe nie dumm stellen sollte, weil man dann die Falschen anzieht. Man nehme nur Jane Austens Heldin Emma, die Mr. Knightley selbstbewusst belehrt: »Kein Mann, der etwas im Kopf hat, wünscht sich eine einfältige Ehefrau, da können Sie sagen, was Sie wollen.« Austen schuf durchweg Heldinnen, die ihren Kopf nicht nur zur Dekorationszwecken spazieren führen. So heißt es in »Mansfield Park« über Fanny Price, dass sie »klug war, über eine schnelle Auffassungsgabe ebenso wie über gesunden Menschenverstand verfügte und eine Vorliebe fürs Lesen besaß, die für sich genommen bereits eine Art von Erziehung ausmachte«. Es sind solche Heldinnen, die für Leserinnen Freundin und Vorbild zugleich werden können. Sie zeichnet aus, dass sie nicht leicht zu fassen sind – weder physisch noch geistig. Und wie Proust-Leserinnen wissen: Beginnt ein Mann erst mal über eine Frau nachzudenken, gehört er ihr schon halb.

Das Lesen von Romanen macht uns zwar einfühlsamer und kritischer, hebt aber auch Standards und Erwartungen. So mancher begeisterte Leser wird über seinen Büchern misanthrophisch. »Je mehr sich unsere Bekanntschaft mit guten Büchern vergrößert, desto geringer wird der Kreis von Menschen, an deren Umgang wir Geschmack finden«, bemerkte Ludwig Feuerbach. Ich weiß nicht, bei wie viel Small-Talk-Empfängen ich mich insgeheim nur zurück zu meiner jeweiligen Lektüre gesehnt habe. Ein verflossener Liebhaber prophezeite mir einmal, ich würde eines Tages unter den Büchern aus einem meiner übervollen Billy-Regale begraben und dann ewig nicht gefunden werden, da ich mich bekanntlich lieber mit Büchern als mit Menschen beschäftigte und mich daher niemand vermissen würde. Papierne Ge-

35

fährten haben eben enorme Vorteile: Sie schnarchen nicht, ziehen einem nicht die Bettdecke weg und sind immer für einen da, wenn man sie braucht. Kein Wunder, dass sogar Madonna einmal bekannte: »Alle Welt denkt, ich sei verrückt nach Sex. In Wahrheit lese ich lieber ein gutes Buch.«

Lesen macht glücklich – und gut

Und schließlich sorgt Lesen auch noch dafür, dass wir uns gut fühlen. Der »Flow«, den der Psychologe Mihály Csíkszentmihályi in seinem gleichnamigen Bestseller als Geheimnis des Glücks ausmacht, schafft das Gefühl einer Entdeckung, »ein kreatives Gefühl, das das Individuum in eine andere Realität versetzt«. Wenn hohe Konzentration, eine Balance von Herausforderung und Leistung sowie ein Gefühl von Kontrolle und Befriedigung zusammenkommen, spricht man von Flow – ein Zustand der Freude und der geistigen Präsenz, den jeder Leser kennt, der sich indes bei passiven Aktivitäten wie Fernsehen schwer erreichen lässt, auch wenn man dort heute mehr Qualität und Auswahl denn je erleben kann. Studien belegen, dass hoher Fernsehkonsum Menschen unzufrieden macht, ja sogar ein Gefühl von Reumütigkeit weckt, wenn man vor allem einschaltet, um selbst abzuschalten. Dass das Lesen zunehmend vom

Schauen verdrängt wird, dass selbst eingefleischte Leser abends immer häufiger zur Fernbedienung greifen statt zum Buch, hat aber womöglich nicht nur etwas mit der Mühelosigkeit und der Geselligkeit zu tun. Die Literaturwissenschaftlerin Marie Stadler ist ihrem eigenen schlechten Gewissen in der *Barbara* auf den Grund gegangen. Unter der Überschrift »Warum Lesen glücklicher macht als Netflixen« bricht sie eine Lanze fürs Lesen als Selbstvergewisserung: »Erzählt mir sonst jemand ungefiltert seine Gedanken? Das macht nicht mal meine beste Freundin. Mein Mann erst recht nicht. Nicht mal die Protagonistin meiner Lieblingsserie, denn die sehe ich nur von außen.« Und sie weist darauf hin, dass das Schauen von Serien nur vermeintlich weniger Arbeit ist: »Geräusche, Kamerabewegungen, schnelle Schnitte, all das flutet unser Gehirn mit einer Menge Daten und ist gerade nach einem Tag vor dem Computer genau das Falsche für unsere geplagten Augen und Ohren. Lesen ist sehr reizarm und dabei letzten Endes viel entspannender.«

Außerdem verarbeiten wir die Informationen, die wir lesend aufnehmen, anders. Wer die Bände der Fantasy-Saga »Das Lied von Eis und Feuer« von George R. R. Martin liest, wird sich ein ganz anderes Bild von den sieben Königreichen machen als jenes, das die gefeierte opulente Serienverfilmung »Game of Thrones« entwirft. Vor allem wird er sich viel detaillierter und länger an die Charaktere und die Wendungen der Handlung erinnern, denn Erinnerungen und Eindrücke, die man nicht allein visuell, sondern interaktiv aufgenommen hat, lassen sich später nachweislich besser wieder abrufen – am besten, wenn man das Buch erneut zur Hand nimmt.

Um das eigene Kopfkino anzukurbeln, gilt in unserer Familie die Devise, dass möglichst erst das Buch gelesen und dann der Film geschaut wird, ganz gleich, ob »Pettersson und Findus«, »Asterix und Obelix«, »Tschick« oder »Harry Potter«. So kommt jeder auf seine Kosten, und es führt hinterher zu spannenden Diskussionen. Andererseits würden viele Bücher kaum mehr gelesen, wenn sie nicht so kongenial verfilmt wären – und gelegentlich sind Filme sogar besser als die Literaturvorlage. Auf Kino- und Literaturportalen finden sich dazu zahlreiche Abstimmungslisten, vom »Herrn der Ringe« bis »Psycho«, von »James Bond« bis »Miss Marple«. Insgesamt aber gilt in den meisten Fällen der beliebte Spruch, der auf Instagram Karriere gemacht hat: »Bücher erreichen Stellen, da kommt der Fernseher gar nicht hin!«

Lesend erfahren wir aber nicht nur die Welt und uns selbst auf einzigartige Weise, sondern wir bilden mit Zeit und Übung dabei Eigenschaften und Tugenden aus, die uns im Leben weiterhelfen. So belegt der australische Philosoph Damon Young in seinem Buch »The Art of Reading«, dass versierte Buchleser sich zwangsläufig in Hartnäckigkeit, Neugier, Geduld, Ausdauer, Mut, Stolz, Mäßigung und Gerechtigkeit üben. In seinem mitreißenden Plädoyer für die hohe Kunst des Lesens im Zeitalter des Schreibens erhebt Young das Lesen zu einer eigenen Disziplin, in der es sich keineswegs nur dilettieren, sondern in hohem Maße brillieren lässt. Mit Ausflügen in Philosophie, Psychologie, Literaturwissenschaft, Soziologie und Geschichte ist dies ein Weckruf, der daran erinnert, dass unsere Lektüren auch ein ehrgeiziges Unterfangen sein dürfen, ja sollten.

Lesen als Privatissimum

Wo wir gerade bei Büchern sind, in denen man blättert und nicht scrollt, deren Gewicht man in der Hand wiegt und die im Regal stehen und nicht in einer Cloud, kommen wir zu einem der vielleicht wichtigsten Argumente fürs Bücherlesen. Was die Lektüre von physischen Büchern der auf E-Readern voraus hat, erfahren Sie im zweiten Kapitel (Wie lesen?). Zunächst geht es um die Unüberwachbarkeit von Büchern, um ihre einzigartige, geniale Subversivität, die im Lauf der Geschichte immer wieder dafür gesorgt hat, dass Schriften verboten und ihre Autoren verfolgt wurden. Bücher sprechen Wahrheiten aus, die Autoritäten wie Diktatoren, Parteien, Religionen, Ideologien und zunehmend auch Konzernen unbequem sind, es sind Kassiber, die, über Grenzen geschmuggelt, sich der Kontrolle der Mächtigen entziehen und zu jenen sprechen, die zu lesen bereit sind. Auch heute beeinträchtigen Diktaturen, Kriege, Naturkatastrophen und Wirtschaftskrisen an vielen Orten unserer Welt das Recht auf freie Meinungsäußerung, den Zugang zu und das Entstehen von Literatur. Wer liest, sollte sich darum ab und an in Erinnerung rufen, welch hohes Privileg es ist, Lektüren in Frieden und Freiheit genießen zu können.

Das ist das eine. In unserer Zeit, da der Wert des Individuums zunehmend auf Daten reduziert wird, die es generiert und mit denen das ewig hungrige globale Datenverarbeitungssystem gefüttert wird, ist es eine bewusste Entscheidung, sich beim Lesen nicht dauernd über die Schulter und in den Kopf schauen zu lassen. Wähle ich hingegen ein Lesegerät wie den Kindle, sollte ich mir zumindest darüber im Klaren sein, dass dieses während der Lektüre Daten über seine Nutzer sammelt. Wenn eine Zahnbürste »intelligent« ist und Daten über ihre Nutzung, Dauer des Putzens und Wirksamkeit sammelt, mag das vielen von uns noch sinnvoll erscheinen, aber wenn mittels eines Readers gescannt wird, welche Passagen eines Buches ich schnell und welche ich langsam lese, was ich überspringe und wo ich zu lesen aufhöre, ist das mehr als Marktforschung. Evgeny Morozov schrieb

2013 in einem viel beachteten Artikel in der *Frankfurter Allgemeinen Zeitung*: »Amazons ultimativer Teufelspakt dürfte so aussehen: Der Kunde bekommt einen kostenlosen E-Reader mit kostenfreiem, sofortigem Zugang zu allen Büchern der Welt, unter einer Bedingung – er stimmt zu, dass alle seine Lektüren analysiert und ihm entsprechende Werbeanzeigen zugeschickt werden.« Der Umstand, dass alles, sogar unser Körper, mit einem Sensor plus Internetanschluss ausgestattet werden könne, führe letztlich dazu, dass alles kommerzialisiert werde und die beim Gebrauch generierten Daten verkauft werden könnten. In naher Zukunft, wenn Lesegeräte auch über Gesichtserkennung und biometrische Sensoren verfügen, werden sie wissen, wie sich einzelne Sätze auf unseren Kreislauf auswirken. Sie werden wissen, was uns amüsiert, was irritiert und was zum Weinen gebracht hat. Wie Yuval Noah Harari in seinem visionären Werk »Homo Deus« schreibt: »Schon bald werden Bücher Sie lesen, während Sie diese Bücher lesen.« Wer will, dass seine Gedanken frei bleiben und nicht von einem Algorithmus aufgesogen werden, wird dem gedruckten, physischen Buch treu bleiben. Möglicherweise wird das Lesen von gedruckten Büchern auf absehbare Zeit ein geradezu subversiver Akt sein, ein Zeichen des Widerstands gegen die Überwachung durch Maschinen, die uns bald besser kennen werden als wir uns selbst. Solange wir ein gedrucktes Buch lesen, ist und bleibt das eine private, intime Angelegenheit – und ein Vorgang, bei dem wir uns daran erinnern mögen, dass es ein Grundrecht auf diese Privatheit gibt.

Literatur fördert in jedem Menschen das Bewusstsein seiner Einzigartigkeit und seiner Individualität und erinnert ihn so daran, dass es neben dem sozialen Lebewesen noch ein empfindsames Ich gibt. »Viele Dinge können geteilt werden«, schreibt Brodsky. »Ein Bett, ein Stück Brot, Überzeugungen, eine Geliebte, aber nicht ein Gedicht von, sagen wir, Rainer Maria Rilke. Ein Werk der Kunst, speziell der Literatur, und ganz besonders ein Gedicht springt den Leser frontal an, sozusagen *tête-à-tête*, und tritt ohne Mittelsmänner direkt mit ihm in Kontakt.« Diese Art des privaten, direkten Kontakts ist zwar keine Garantie, aber doch eine wirksame Verteidigung gegen jede Form von Versklavung. Eine weitere Nobelpreisträgerin, Doris Lessing, war der Überzeugung, dass Menschen, die Literatur lieben, zumindest in einem Teil ihres Geistes gegen Indoktrinierung immun seien. Ein Mensch mit geübtem ästhetischen Empfinden wird stets weniger anfällig sein für die primitiven Refrains und rhythmischen Beschwörungsformen, die jeder Art von Demagogie eigen sind.

Es gibt aber auch sehr triftige und dabei ganz unpolitische Gründe dafür, die Privatheit von Büchern zu schätzen. Denn ihr Äußeres verrät nicht, welche

Stellen in ihrem Inneren uns gerade faszinieren. Der Schriftsteller Alberto Manguel erzählt, wie er einmal als Heranwachsender gerade völlig vertieft war in einen Lexikoneintrag zu den Ursachen und Auswirkungen der Gonorrhö, als sein Vater ins Zimmer kam: Einen Moment war er gelähmt vor Schreck, weil er dachte, sein Vater würde merken, was er da las. Dann aber erkannte er, »dass niemand, nicht einmal der nur wenige Schritte entfernte Vater, in meine Lesewelt eindringen und mir ansehen konnte, welche Schweinereien mir das Buch gerade beibrachte, und dass es einzig von meinem eigenen Willen abhing, ob es überhaupt jemand erfuhr«.

Die Magie von Bibliotheken und die Freuden des Bücherhortens

Unter uns: All diese rationalen, objektivierbaren, ehrbaren und guten Gründe, die Wissenschaft, Erfahrung und gesunder Menschenverstand für das Lesen anführen, spielen für den gewohnheitsmäßigen Leser keine Rolle. Seine Motivation sind ganz andere Wünsche und, ja, auch Laster. Der gewöhnliche Leser, wie ihn Virginia Woolf in ihrem gleichnamigen Essay schildert, unterscheidet sich von professionellen wie Kritikern, Gelehrten oder Verlagsmenschen zunächst vor allem dadurch, dass er zu seinem eigenen Vergnügen liest und nicht unbedingt, um Wissen zu vermitteln oder die Meinung anderer zu korrigieren. »Vor allem aber leitet ihn das instinktive Bestreben, eigenhändig aus allem, was ihm zufällig in die Finger gerät, etwas Ganzes zu gestalten.«

Dies ist einer der Gründe für die schöne Notwendigkeit, Bücher nicht bloß zu lesen, sondern auch zu besitzen – und zwar am liebsten möglichst viele von ihnen. »Die Bibliothek schützt vor Feindseligkeiten von außen. Sie dämpft den Lärm der Welt, mildert die Kälte, die ›draußen‹ herrscht, aber sie verleiht auch ein Gefühl der Allmacht«, schwärmt Jacques Bonnet in seinem Bibliomanie-Führer »Meine vielseitigen Geliebten«. Er schildert die ideale Bibliothek als »ein Konzentrat aus Raum und Zeit«, in dem wir »über die bloße Anwesenheit des Buches hinaus mit all dem leben, was es uns zum Menschsein im Allgemeinen zu sagen hat«. Geradezu göttlich findet er die Möglichkeit, binnen Sekunden innerhalb seiner Bibliothek von wahren zu erfundenen Orten und vice versa zu springen. Und Doris Lessing erinnert daran, dass eine öffentliche Bibliothek die »demokratischste Einrichtung der Welt« ist. »Was man darin findet, hat Diktatoren und Tyrannen besiegt: Demagogen können Schriftsteller zwar verfolgen und ihnen tausendmal befehlen, was sie schreiben sollen, aber was früher geschrieben wurde, können sie nicht verschwinden lassen, auch wenn sie es oft genug versuchen.«

Die Bibliothek als Zusammenfassung der Wirklichkeit, als ein »Mahlstrom«, der »alles verschlingt, was uns widerfährt«, ist eine zunehmend in Vergessenheit geratene Lust, die Sammler wie Jacques Bonnet anspornt. Umberto Eco, einer der profiliertesten und passioniertesten Büchernarren unserer Zeit, der eine riesige, unschätzbare Bibliothek sein Eigen nannte, betrachtete den Besitz von Büchern als Lebensversicherung, als eine kleine Vorwegnahme der Unsterblichkeit. »Wir wissen, dass wir heute Lebenden uns an die Erfahrungen derer erinnern, die vor uns gelebt haben, und dass andere, die uns folgen werden, sich an unsere Erfahrungen erinnern werden.«

Winston Churchill schätzte an Bibliotheken, dass sie uns manche Flause austreiben. Denn dem Besitz von Büchern wohnt, wie allem Besitz, auch eine Eitelkeit, ja Selbstgefälligkeit inne. Ein einziger Tag darin jedoch ist imstande, jede Zufriedenheit oder Selbstgefälligkeit zu vertreiben: »Wenn man dort herumstöbert, ein Buch nach dem anderen aus dem Regal nimmt und den unerschöpflichen, grenzenlos vielfältigen Schatz an Wissen und Weisheit betrachtet, den die Menschheit gesammelt und bewahrt hat, weicht jeder Stolz, auch in seiner unschuldigsten Form, sogleich einem Gefühl von Ehrfurcht, in dem ein Anflug von Bedauern mitschwingt.«

Doch am schönsten schwelgt es sich in – und von – den eigenen vier Bücherwänden, auch wenn diese von den rasant steigenden Mieten in den Städten zunehmend ausgerottet werden. So schreibt Alberto Manguel in seiner »Geschichte des Lesens«: »Jedes Mal, wenn ich mich von einem Buch trenne, stelle ich Tage später fest, dass ich gerade dieses Buch dringend benötige. Oder: Ich kenne kein Buch (oder nur sehr, sehr wenige), in dem nicht wenigstens ein interessanter Satz gestanden hätte. Oder: Ich habe es mir aus einem bestimmten Grund angeschafft, und dieser Grund könnte sich auch in Zukunft als stichhaltig erweisen. Und dennoch weiß ich: Der Hauptgrund dafür, dass ich nicht auf diese ständig wachsende Büchermasse verzichten kann, ist eine Art maßlose Gier. Ich genieße den Anblick meiner vollgestopften Regale, den Anblick der Bücher, die ich alle mehr oder weniger gut kenne. Ich genieße den Gedanken, dass ich von einer Art Inventarverzeichnis meines Lebens umgeben bin, von Vorgriffen auf meine Zukunft.«

Bücher sind alterslos. Die allermeisten von ihnen wurden vor unserer Geburt geschrieben, und viele werden noch nach unserem Tod gelesen werden. Zugleich sind die Bücher, die wir in unsere Köpfe, unsere Herzen und unsere Leben lassen, eine Art ausgelagertes Gedächtnis, eine Bibliobiografie unseres Lebens. Bücher stehen für Zeit, die Zeit ihrer Entstehung und unserer Lektüre, und weil sie uns in ihrer Erscheinung an die Gelegenheiten erinnern, bei denen sie gekauft oder geschenkt, gelesen und wiedergelesen wurden, die Male, die wir sie bei einem Umzug oder neuen Lebensabschnitt in die Hand genommen haben, spiegeln sie auch das Vergehen unserer eigenen Zeit wider.

Wenn Borges heute noch lebte, würden seine fantastischen Erzählungen wahrscheinlich in einer Datenwolke und nicht in einer Bibliothek spielen. Dass wir indes Bibliotheken auch im Internetzeitalter brauchen, beweist nicht nur die vielfach ausgezeichnete Bibliothek im dänischen Aarhus, die sich als Gemeinschaftszentrum etabliert hat und in der das Lesen von Büchern nur eine Möglichkeit von vielen ist, dort Zeit zu verbringen. Doch ganz gleich, ob man im dort untergebrachten Bürgeramt seinen Pass verlängern lässt, in der Cafeteria etwas trinkt oder die Kinder zum Spielen bringt: Die Bücher geben dem Ort seine positive Ausstrahlung und machen ihn vertrauenerweckend. Schon Cicero fand, ein Raum ohne Bücher sei wie ein Körper ohne Seele. Das können Innendesigner ebenso bestätigen wie der Amerikaner Kinsey Marable, der aus dem Einrichten von Privatbibliotheken für seine wohlhabende Kundschaft ein einträgliches Geschäft gemacht hat: »Die Menschen haben keine Zeit, 500 oder 1000 ausgewählte Bücher für eine Sammlung zu finden. Wenn sie genug verdient haben, um sich eine solche Kollektion leisten zu können, haben sie nicht mehr die Muße, sie selbst zusammenzustellen.«

Nun mag man fragen, wozu man sich heute noch eine Bibliothek zulegen soll, da doch längst alle Informationen über die Welt im Internet gespeichert und dort überdies ständig aktualisiert werden. Doch diese nahezu grenzenlose Informationsquelle übt auf Büchermenschen einfach nicht denselben magischen Reiz aus wie eine Bibliothek. Jacques Bonnet bekennt: »Ich sitze vor meinem Computer, der mir Zugang zu allen nur möglichen Informationen verschafft. Mehr noch als vorher werde ich zum Meister der Zeit und des Raumes, doch dem Ganzen fehlt der göttliche Funke. Vielleicht ist dies einfach ein rein sinnliches Problem: Nur die Fingerspitzen sind beteiligt.«

Ein Vademecum gegen Einsamkeit

Im Bunde mit der Welt und doch für sich: Das ist die Urerfahrung des Lesers, der Zustand, den wieder und wieder herzustellen die Sehnsucht, ja Sucht des passionierten Lesers ist. Darum sind Kindheitslektüren so prägend für jedes spätere Leserleben. Wer als Kind die Entdeckung des seligen Versunkenseins zwischen zwei Buchdeckeln nicht gemacht hat, dem fehlt später auch nichts, wenn sich diese Situation nicht wieder einstellt, so wenig wie eine kindliche Leseratte als Erwachsener wahrscheinlich das Brüten über Technik-Baukästen oder dem 1000-Teile-Puzzle schmerzlich vermisst wird.

Nichts gegen Tüftelarbeiten und Gehirntrainingsprogramme, aber das Buch kann mehr. Lektüre ist ein Vademecum gegen Einsamkeit. Der Satz »Booklovers never go to bed alone« bringt augenzwinkernd auf den Punkt, dass Romane für gute Gesellschaft sorgen, und das in jedem (Lese-)Alter. Wer liest, ist nicht allein – und fürchtet sich auch nicht vor dem Alleinsein.

Ich bin als Einzelkind aufgewachsen, in einer Bauernschaft im Münsterland, wo es in der Nähe wenige Kinder in meinem Alter gab. Nie werde ich vergessen, wie stolz es mich machte, einmal in der zweiten oder dritten Klasse zu einem Spielenachmittag eingeladen zu sein und bei *Trivial Pursuit* auf die Frage, von wem das Buch »Onkel Toms Hütte« stamme, wie aus der Pistole geschossen »Harriet Beecher Stowe« antworten zu können. Leider beeindruckte ich mit meinem Wissen niemanden außer mich selbst, jedenfalls wurde ich danach nicht wieder eingeladen. Dennoch fühlte ich mich bis ins Teenageralter nie einsam. Meine wahren Freunde waren Pippi Langstrumpf, die kleine Alice, Doktor Dolittle und Tom Sawyer, Oliver Twist und Remi (aus Hector Malots hierzulande leider wenig bekanntem Roman »Sans famille – Heimatlos«), Mio und das Eselchen Grisella, Toby Tatze, Petra Possierlich, der Isländer Nonni und

Pu der Bär, und in Winnetou war ich viele Jahre lang heimlich verliebt, so wie ich auch über Jahre nicht ging oder lief, sondern über einen ganzen Stall imaginärer Pferde verfügte, von Flicka und Iltschi bis Fury, auf deren Rücken ich im wilden Galopp jede Strecke zurücklegte. Meine Freunde aus den Büchern waren immer für mich da, sie hielten bedingungslos zu mir und fragten nicht, ob ich sportlich war oder schlank, ob ich die richtigen Schuhe trug oder jede Mutprobe bestand. Mutig machten sie mich aber auch, denn mit starken Freundinnen wie der Roten Zora, Momo, Ronja Räubertochter oder Karana (aus Scott O'Dells »Insel der blauen Delphine«) an meiner Seite fühlte ich mich gewappnet. Als ich zum ersten Mal den Filmklassiker »Mein Freund Harvey« mit James Stewart sah, verstand ich nicht, was an einem unsichtbaren Freund besonders sein sollte – hatten wir den nicht alle? Heute, da ich selbst Kinder mit überbordender Fantasie habe, freue ich mich mit ihnen über Charlies Schwester Lola, die ebenfalls einen unsichtbaren Geheimfreund hat, der noch dazu auf den schönen Namen »Søren Lorentzen« hört, und belausche lächelnd ihre Gespräche mit Freunden, die nur sie sehen können.

Es sind aber nicht nur die Charaktere, die uns begleiten und beschützen, es sind auch die Ideen, Ziele, Zeiten und Destinationen. Bücher ermöglichen Zeitreisen und Ortswechsel, ohne dass man dafür sein

Heim oder auch nur das eigene Bett oder den Lesesessel (zur Frage des idealen Leseorts kommen wir
noch) verlassen muss. Karl May hat bewiesen, dass
nicht einmal der Autor selbst überall gewesen sein
muss, wo ihn seine Romane hinführen – für den
Leser gilt das erst recht. Ob man mit Tania Blixen
Kenia erkundet, mit Bruce Chatwin Patagonien be-
reist, mit Reinhold Messner den K2 erklimmt oder
mit Raoul Schrott auf der Insel Tristan da Cunha
strandet: Günstiger und sicherer als lesend lässt sich
kein Abenteuer bestehen. Dass die Lektüre oftmals
das Fernweh erst weckt, anstatt es zu stillen, gehört
zu den Risiken und Nebenwirkungen, von denen
dieser Beipackzettel nur schwärmen kann. Auswan-
derer, Abenteurer und andere Reisende wurden seit
jeher von Erzählungen und Beschreibungen ferner
Gestade zum eigenen Aufbruch animiert – oder aber
von den letzten weißen Flecken unserer kartografier-
ten Welt derart magisch angezogen, dass sie sich selbst
darauf verewigen wollten. Mein Wunsch, kein deut-
sches Internat zu besuchen, sondern ein englisches,
lag an Lewis Carroll, Kenneth Graham und C. S.
Lewis, an Agatha Christie und Artur Conan Doyle,
vor allem aber an Charles Dickens. Da jeder Leser
seine Lektüren mit eigenen Bedeutungen auflädt,
gehört allen voran sein Oliver Twist in die Reihe
meiner Insel-Befürworter. Trotz oder gerade wegen
der eindringlichen Szene, in der der hungrige Oliver

den kaltherzigen Gemeindediener Mr. Bumble um eine zweite Portion »gruel«, Haferschleim, bittet, ist Porridge für mich immer etwas Heiliges geblieben. Ausgerechnet Enid Blyton hingegen war unschuldig, weil mein Vater mir deren Hanni-und-Nanni-Reihe als »Schund« untersagt hatte. Dass ich mich bis heute in Großbritannien zu Hause fühle, dass die Art, wie der Himmel über dem Land hängt, mir so vertraut und lieb ist wie die Konversation über das Wetter als eine Art Ersatz für Händeschütteln und Bussi, Bussi (man lese Kate Fox' großartige Studie »Watching the English«), hat mindestens so viel mit meinen Lektüren wie mit meinen Schul- und Studienjahren zu tun. Meine Identifikation mit Land und Leuten, mit Eigenheiten und Verschrobenheiten, verdanke ich ebenso sehr Fieldings »Tom Jones« wie Emily Brontës »Sturmhöhe«, Woolfs »Mrs. Dalloway« und Wodehouse' unnachahmlichem Jeeves wie Zadie Smith, A. L. Kennedy, Anthony Trollope und Anthony Powell, Evelyn Waugh und Nancy Mitford, den beiden Amis, Vater und Sohn, John Burnside, Julian Barnes, Ian McEwan und Edward St Aubyn. Wie Alan Bennett, der an dieser Stelle nicht fehlen darf, es seine »Souveräne Leserin« notieren lässt: »Man legt sein Leben nicht in seine Bücher. Man findet es in ihnen.«

Als Kind wurde ich meiner Lieblingsbeschäftigung wegen gern als »Bücherwurm« oder »Leseratte«

bezeichnet; bibliophile Ehrennamen, in denen ein Quäntchen Herablassung mitschwingt, weil Würmer und Ratten nicht als wählerisch bekannt sind, sondern als Allesfresser. »Leseratz«, wie der regional gefärbte Spitzname für den »Büchernarr« (noch so ein zweischneidiges Kompliment!) bis ins 19. Jahrhundert hinein lautete, gefällt mir besser. Die Erklärung, der Name rühre daher, dass viele Leser sich die Seiten derart nah vors Gesicht halten – die Mehrheit der Menschen ist übrigens kurzsichtig –, dass es aussieht, als saugten sie den Lesestoff förmlich auf, ist ein von Wikipedia beförbertes Gerücht. Sicher ist, dass die Larven mancher Nagekäferarten tatsächlich als Bücherwürmer bezeichnet werden. Ich stelle sie mir ein wenig so vor wie Loriots Steinlaus. In Zamonien, jenem von Walter Moers in der »Stadt der träumenden Bücher« entworfenen Reich, sind Bücherwürmer derart weit verbreitet, dass ihrem unermüdlichen Papierkonsum Einhalt geboten wird, indem sie selbst als Imbiss dienen: roh, geräuchert, getrocknet, gesalzen, geröstet oder gebacken. Doch wie man es auch dreht und wendet: Die Bezeichnungen »Leseratte« und »Bücherwurm« rufen bis heute eine Mischung aus Stolz und Ablehnung bei mir hervor, woran nicht einmal die Raupe Nimmersatt und der Holzwurm der Oper Grundlegendes haben ändern können.

Lesen als Überlebenshilfe

Ob Robinson Crusoe ohne die Bibel fast dreißig Jahre lang auf seiner Insel bei Verstand geblieben wäre? Sicher ist, dass Scheherazade ihr eigenes Leben – und die Leben vieler weiterer Jungfrauen im Reich des Königs Schahriyar – ihrer Fähigkeit verdankt, Geschichten fesselnd zu erzählen, und auch Marcel Reich-Ranicki hat Bolek und Genia, dem Paar, das ihn und seine Frau Tosia nach der Flucht aus dem Warschauer Getto bei sich versteckte, die Nächte beim gemeinsamen Zigarettendrehen mit literarischen Nacherzählungen vergolten. Täglich erzählte er nach Einbruch der Dunkelheit Geschichten, um die Gastgeber bei Laune zu halten und sich und seine Frau abzulenken von Erinnerungen, Angst und Hunger. Je besser die Geschichten den beiden Rettern gefielen, »desto besser wurden wir belohnt: mit einem Stück Brot, mit einigen Mohrrüben«. In der düsteren Küche »bot ich meinen dankbaren Zuhörern schamlos verballhornte und auf simple Spannung reduzierte Kurzfassungen von Romanen und Novellen, Dramen und Opern«. Der geborene Kritiker erzählte den Kanon der deutschen Literatur, von den »Leiden des jungen Werther«, »Wilhelm Tell« und dem »Zerbrochnen Krug« über »Effi Briest« und »Frau Jenny Treibel« bis zum »Prinzen von Homburg« und

»Kabale und Liebe«. In seinen Erinnerungen »Mein Leben« schreibt er: »Ich konnte mich davon überzeugen, welche literarischen Figuren und welche Motive auf einfache Menschen wirkten. Bolek und Genia war es gleichgültig, von wem die Geschichte über den alten König stammte, der sein Reich unter drei Töchtern aufzuteilen gedachte. Den Namen Shakespeare hatten sie nie gehört. Aber mit dem König Lear hatten sie Mitleid.«

Auch Ruth Klüger hat in »Weiter leben« beschrieben, welche Stütze ihr die Lektüren während ihrer Zeit in Theresienstadt und anderen Lagern war. Literatur, zumal der Rhythmus der Gedichte, die sie auswendig kannte und immer wieder im Kopf aufsagte, bot ihr einen inneren Halt, eine Möglichkeit zur geistigen Flucht vor den äußeren Umständen. Und Jorge Semprún schildert, dass an den Sonntagnachmittagen im Konzentrationslager Buchenwald über Literatur gesprochen wurde, um der Sprachlosigkeit der Situation zu entkommen und dem Grauen eine Form von Würde entgegenzusetzen. Jean Améry hingegen bescheinigt der Literatur in seinem Essay »An den Grenzen des Geistes« die Unfähigkeit, die Schrecken des Konzentrationslagers adäquat wiederzugeben oder eine so grausame Wirklichkeit zu transzendieren. Den leidenschaftlichen Leser, der Améry war, beirrt das indes nicht; er bekannte später: »Die subjektive Welt eines jeden Lesers ist bevölkert: nicht nur von den realen Personen, deren Bekanntschaft er im Leben gemacht hat, sondern von Geschöpfen der Literatur.« Und er gab freimütig zu, dass viele Romanfiguren für ihn einen »erheblich höheren Realitätsgrad« besäßen als manche Personen aus Fleisch und Blut.

Die Literatur selbst ist voll von Geschichten, in denen das Erzählen als Aufschub oder als Bann gegen den Tod eingesetzt wird, in denen Menschen um ihr Leben erzählen. Doch auch in weniger bedrohlichen Kontexten kann Literatur Wunder wirken. Als ich bei einem Umzug einmal schweren Herzens Bücher aussortieren musste und nicht wusste, wohin damit, riet mir eine Bekannte, sie dem Universitätsklinikum zu spenden. Das tat ich, und als ich nach kaum einer Woche mit einer zweiten Fuhre Bücherkisten ankam, war der Inhalt der ersten bereits aus den Regalen verschwunden. Weil der Mensch »wärmt, wenn er erzählt«, wie es bei Herbert Grönemeyer heißt, bleibt eine gute Geschichte, ob erzählt, vorgelesen oder selbst gelesen, eine der schönsten, heilsamsten und tröstlichsten Formen von Zuwendung, die es gibt. Neulich saßen unsere Kinder einträchtig nebeneinander auf dem Sofa, und der große Bruder, gerade fünf, tat so, als ob er seiner kleinen Schwester ein Buch vorläse. Es war Maurice Sendaks »Wo die wilden Kerle wohnen«, was wir so oft gemeinsam angeschaut und vorgelesen haben, dass er es praktisch auswendig kann. Die Schwester schmiegte sich an ihn und lauschte andächtig. Aber als der vermeintliche Vorleser dann doch einen Fehler machte, korrigierte sie ihn triumphierend: »Es riecht nach gutem Essen, darum will Max nicht mehr König sein, nicht, weil er müde ist!«

II. Wie lesen? Wann, wo, wie oft – und wann man aufhören sollte

*»Wo nehme ich nur all die Zeit her,
so viel nicht zu lesen?«*

Karl Kraus

Laute Lektüren, leise Lektüren

Nachdem wir uns die vielen positiven Auswirkungen des Lesens vor Augen geführt haben, muss man zugeben, dass Menschen, die ihre Nasen immerfort in Bücher stecken, sich darum nicht automatisch zu angenehmen Zeitgenossen qualifizieren, auch wenn sie bei der Ausübung ihres Hobbys nicht laut sind und nicht schmutzen und außerdem günstig zu beschenken sind. Wer immerzu liest, also geradezu ostentativ der Lektüre frönt, wird von seiner Umgebung leicht als – sagen wir mal: entrückt wahrgenommen. Wer die Gesellschaft erfundener Charaktere jener leibhaftiger Ehepartner oder Familienmitglieder vorzieht, macht sich bei diesen nicht immer beliebt. Ähnlich wie die Zeitung, hinter deren ausgebreiteten Flügeln man sich hervorragend verschanzen kann, ist auch das aufgeklappte Buch eine Art Schild, an dem so manche Frage, Bemerkung oder Aufforderung abprallt. Schon als Kind trug ich Bücher mit mir herum wie Linus seine Schmusedecke, sie begleiteten mich zum Frühstück, im Schulbus, beim Mittagessen, bis in die Badewanne und ins Bett.

Johann Scheerer schildert in seinem Buch »Wir sind dann wohl die Angehörigen«, wie sehr er als Kind darunter litt, dass sein Vater Jan Philipp Reemtsma »in einem Buch verschwand, sobald sich die Gelegenheit bot«. Der Vater hatte immer ein Buch dabei, sogar in den Skiferien zog er in der Gondel ein Reclamheft aus der Brusttasche seines Schneeanzugs und las, anstatt sich mit seinem Sohn zu unterhalten oder wenigstens das Bergpanorama zu bewundern. Immer wieder versuchte er, seinem Sohn die Notwendigkeit des Lesens zu vermitteln: »Johann, lass dir gesagt sein: Nimm immer und überall hin ein Buch mit. Dann kann dir nichts passieren. Dir wird niemals langweilig werden.« Und was sagt der Sohn dazu? »Natürlich las ich. Manchmal aus Freude und manchmal aus Zwang. Doch ich begann auch, Bücher als Konkurrenz zu betrachten. Was musste ich bieten, damit mein Vater mich ihnen vorzog?«

Natürlich hat Jan Philipp Reemtsma recht: Mit einem Buch in der Tasche ist man gerüstet, zumal für jene Eventualitäten im Leben, die man selbst nicht beeinflussen kann und die die Nerven besonders beanspruchen. Ganz gleich, ob der Zug stundenlang am Gleis verharrt oder der Flieger wegen Sturmböen Verspätung hat, ob man im Stau steht oder tatenlos an Spielplätzen herumsitzen muss – nicht nur für ungeduldig Veranlagte ist ein Buch in solchen und anderen Wartesituationen die Rettung. Ein Freund von mir, der stets auf die Minute pünktlich ist, verliebte sich vor vielen Jahren in eine notorische Zuspätkommerin. Immerzu gab es Streit, weil sie noch längst nicht fertig war, wenn er bereits fingertrommelnd und schuhspitzenwippend angespannt auf sie wartete. Irgendwann gab er auf und sah ein, dass ihr Zeitgefühl und seines nie synchron sein und er künftig entweder als ewiger Junggeselle pünktlich oder mit ihr zusammen zu spät kommen würde. Fortan trug er stets ein Buch bei sich, am liebsten im Jackentaschenformat von Reclam oder Manesse. Als ich ihn kennenlernte, war er schon viele Jahre mit seiner Frau verheiratet und sagte, das Geheimnis ihrer glücklichen Ehe seien die vielen Werke, die er in jenen 5- bis 15-Minuten-Intervallen gelesen habe, in denen er auf sie gewartet habe. Diese hätten ihn zu einem besseren Ehemann gemacht und ihm ganz nebenbei kumuliert Jahre des Lektüreglücks geschenkt.

Rituale sind den meisten Lesern wichtig. Fast jeder von uns assoziiert Bücher mit bestimmten Situationen, Orten und Zeiten, weshalb wir mit einem bestimmten Exemplar stets auch den Kontext verbinden, in dem wir es erstmals gelesen haben. Lange bevor das Lesen zur Privatsache, zum Tête-à-Tête zwischen Werk und Leser wurde, war es insofern ein gemeinschaftliches Erlebnis, als dass laut gelesen wurde. Wo gelesen wurde, herrschte nicht die Stille, die wir heute mit Bibliotheken verbinden, sondern ein dauerndes Gemurmel, das vom Rezitieren des Gelesenen stammte. Die klangliche Gestalt gehörte als Teil der Konversation zwischen Buch und Leser dazu, so wie die Lektüre nicht nur mit den Augen, sondern mit dem ganzen Körper erfolgte. Schon Augustinus war, geschult durch Aristoteles, der Auffassung, dass Buchstaben erfunden wurden, »damit wir auch mit dem Abwesenden sprechen können«. Auch darum gingen die Schriftsteller bis ins 16. Jahrhundert davon aus, dass das Publikum ihren Text vor allem hören würde. Im Mittelalter wurde an Höfen und in Klöstern, bei Festen und Jahrmärkten von Gauklern und Troubadouren vorgetragen, um andere an den Geistesblitzen teilhaben zu lassen. So erlebten die Zuhörer sich als Beteiligte des Textes und merkten darüber hinaus, dass Schilderungen von wahren und erfundenen Ereignissen und Personen nicht nur in der Vorstellung Gestalt annehmen, sondern in Lauten auch eine physische Realität besitzen. In Zeiten, in denen geschriebene Texte so wenig allgemein verbreitet waren wie die Fähigkeit, diese flüssig zu entziffern, kam dem Vortrag von Schriften enorme Bedeutung zu, und da sich der Vorgang nicht beliebig wiederholen ließ, war es wichtig, gut zuzuhören.

Die meisten Leser heute machen ihre ersten Erfahrungen mit Texten auf eben diese Weise: Sie lauschen, wenn ihnen vorgelesen wird, sei es von Eltern oder Verwandten oder mittels eines Hörbuchs. Der Klang ist nach wie vor eines der sichersten Kriterien für die Bewertung des Geschriebenen. Nicht umsonst lesen viele Schriftsteller während der Arbeit am Manuskript den Text gern laut: Wenn man beim Vorlesen ins Stocken gerät, sich ein Sinn nicht erschließt oder der Rhythmus eines Satzes einfach nicht stimmt, ist das ein gutes Indiz für Überarbeitungsbedarf.

Im Vorlesen steckt aber auch Zuwendung, es ist eine Art Liebesdienst. Wie zentral das Vorlesen nicht nur für die Sprachentwicklung, sondern auch für die emotionale Bindung von Kindern ist, wird dabei noch immer unterschätzt, wie eine Studie der Stiftung Lesen 2017 ergab: Auch wenn das Kind den

Text noch nicht versteht, so versteht es doch die Hingabe und Geborgenheit, die im Akt des Vorlesens steckt. Je mehr Kindern vorgelesen wird (und am besten sollte es schon in den ersten zwölf Monaten zum kindlichen Alltag gehören), desto größer ist außerdem die Wahrscheinlichkeit, dass sie später selbst zu Lesern werden. Die Generation der Babyboomer ist eine der ersten der Nachkriegszeit, der von den Eltern durchaus häufig vorgelesen wurde – so wie jeder folgenden. Insofern dürften die hohen Zuwachsraten auf dem Audiomarkt auch damit zu tun haben, dass man ein als Kind lieb gewonnenes Ritual auch später nicht missen möchte.

Analog oder digital?

Doch ob leise lesen oder laut, ist letztlich nicht entscheidend. Analog oder digital, das ist hier die Frage. Und sie lässt sich sehr klar und eindeutig beantworten. So bestätigt die Wissenschaft, was immer mehr Leser empirisch bereits selbst festgestellt haben: nämlich dass wir Inhalte, die wir einem physischen Buch verdanken, deutlich besser verstehen und uns auch länger an sie erinnern als an jene, die wir per Klick und Wisch aufnehmen. Eine befreundete Buchhändlerin berichtet mir kopfschüttelnd von Kunden, die zu ihr ins Geschäft kommen und stolz erzählen, dass sie Vielleser seien – »jede Woche ein E-Book«. Auf die Frage, was sie denn zuletzt gelesen hätten und was ihnen gefallen habe, könnten sie dann aber in der Regel keine Antwort geben, ohne erst ihr Lesegerät anzuschalten und nachzusehen. Womit sich zeigt, dass das Verschlingen von gedruckten Büchern sich von dem von E-Books eben doch unterscheidet wie das Entrecôte vom Take-away-Burger oder das Butterbrot vom Esspapier. Das hat vor allem damit zu tun, dass nicht etwa seit der Erfindung des Buchdrucks, sondern erst seit der des Datensatzes eines E-Books tatsächlich alle Leser dasselbe Buch lesen. Denn wer ein Buch zur Hand nimmt, der liest immer eine bestimmte Ausgabe, ein bestimmtes Exemplar, das durch unsere Lektüre oder die der Vorbesitzer einzigartig wird: Der Umschlag bekommt Gebrauchsspuren, auf einer Seite ist ein Wasserfleck, eine andere hat ein Eselsohr oder einen Riss, möglicherweise gibt es Unterstreichungen oder Randnotizen. Das Buch birgt aber auch die Erinnerung, wann und wo wir es gekauft und erstmals gelesen haben, welche Reise es begleitete, welche Gesellschaft es genossen, wer es uns empfohlen oder ausgeliehen hat. Ein jeder Leser hat Bücher in seinem Regal, die als Zeitkapseln wichtige Momente seiner Vergangenheit enthalten. E-Books lassen sich nicht derart den eigenen Stempel aufdrücken, sondern sie bleiben aseptisch und ein Stück weit unpersönlich. Man kann sie nicht stapeln, nicht ordnen und nicht aussortieren, sondern nur archivieren oder löschen. Man kann unter ihrem Gewicht keine Blumen pressen, keinen Liebesbrief darin aufbewahren oder ein zerlesenes Exemplar mithilfe seiner Regalnachbarn wieder einigermaßen in Form bringen. Verleihen und Verschenken sind zwar machbar, aber irgendwie virtuell doch weniger persönlich. Und ein geschenkter Datensatz verblasst eben auch im Gedächtnis des Beschenkten rasch. Ein Buch, das uns ein Leben lang begleitet, das unseren Schlaf auf dem Nachttisch bewacht, das im Regal wichtige und unwichtige Gespräche anhört, das bei jedem Umzug ein- und wieder ausgepackt wurde, ist ein verlässlicherer Gefährte als eines, das erst einmal Strom braucht, um überhaupt zu erscheinen, und das von Akkulaufzeiten und Speicherplatz abhängig ist.

Zahlreiche Studien belegen, dass das Lesen von gedrucktem Papier effektiver ist als das Lesen auf dem Bildschirm. Für ihr Buch »Words onscreen: The Fate of Reading in a Digital World« hat die Linguistin Naomi S. Baron eine groß angelegte Studie unter Studenten in den Vereinigten Staaten, Japan, Deutschland und der Slowakei durchgeführt. Vor die Wahl gestellt zwischen Ausdruck, Smartphone, Laptop, Reader oder Desktop-Computer gaben überwältigende 92 Prozent an, dass der Papierausdruck ihnen die beste Konzentration und Erinnerung an den Inhalt ermögliche, während die anderen Darstellungsformate alle in etwa gleich schwach nachwirkten.

Außerdem lässt sich in digitalen Bücherlisten nicht stöbern. Auf die Frage, was sie machten, wenn sie das erste Mal bei einem neuen Partner daheim seien und dieser einen kurz alleine ließe, antwortete ein gutes Drittel der Befragten, sie würden die Bücherregale anschauen (die wiederum mehr als sechzig Prozent der Befragten einer anderen Umfrage für einen wesentlichen Bestandteil jedes Wohnzimmers und jeder Wohnung hielten). Weniger als zehn Prozent interessierten sich für die Plattensammlung oder die technischen Geräte. Und auf die Frage, mit welchem für sie charakteristischen Gegenstand sie sich für ein Porträt fotografieren lassen würden, schnitt das Buch mit knapp 64 Prozent noch besser ab als das fotogene Haustier mit gut 47 Prozent. Auf die Frage, wo man am liebsten einen neuen Partner kennenlernen würde, rangiert die Buchhandlung mit 33 Prozent sogar noch vor Kneipe oder Bar (28 Prozent). Frank Sinatra jr. hat diese Situation übrigens in einem seiner schönsten Lovesongs besungen: »The People That You Never Get to Love« handelt von einem Blickkontakt in einem Buchladen – und der reizvollen Vorstellung, was aus diesem flüchtigen Moment alles hätte werden können.

Auch die Nutzerstatistiken zeigen, dass E-Books nicht so schnell so stark geworden sind, wie es bei ihrer Einführung zunächst hieß. Wie 2017 veröffentlichte Zahlen des Börsenvereins des Deutschen Buchhandels belegen, hat sich das E-Book seit 2010 auf einem Niveau von 4,6 Prozent des Buchumsatzes etabliert, wobei das anfängliche Wachstum in den vergangenen Jahren stark zurückgegangen ist. Damit liegen wir gleichauf mit Italien und etwas über Frankreich und Spanien. In Großbritannien ist der E-Book-Anteil mit 11,5 Prozent innerhalb der EU am höchsten; in den Vereinigten Staaten liegt er bei zwanzig Prozent und damit deutlich niedriger als noch vor zwei bis drei Jahren. Nicht nur die Umsatzmarge, auch die Käufe stagnieren. In Deutschland erwarben im Jahr 2016 3,8 Millionen Menschen E-Books, etwas über fünf Prozent der Bevölkerung. Zum Vergleich: 9,25 Millionen Menschen greifen täglich (!) zum physischen Buch. Während Käufer gedruckter Bücher bei ihrer Lektüreauswahl sehr bewusst vorgehen, sich von Umschlag, Haptik und Geruch gern beeinflussen lassen und diese sinnlichen Eindrücke bei ihrer Auswahl genießen, sind E-Book-Käufer eher experimentell und laden nicht nur einen, sondern oft gleich mehrere Titel herunter.

Leseorte und Lesezeiten

»Merke: Es gibt nur sehr wenige Situationen jedes menschlichen Lebens, in denen man keine Bücher lesen kann, könnte, sollte …«

Kurt Tucholsky

Zu den liebsten Kindheitserinnerungen vieler Leser gehört das Lesen unter der Bettdecke. Die Eltern wähnten einen im seligen Schlummer, während man selbst buchstäblich atemlos, dem chronischen Sauerstoffmangel unter der Decke geschuldet, fieberhaft über die Seiten flog. Kaum ein Kindheitstopos hält sich derart hartnäckig wie der des jugendlichen Lesens bei Nacht im Schutz des Plumeaus. Kein Mensch erinnert sich an versiegende Taschenlampenbatterien, Hitzewallungen und Müdigkeitsanfälle, aber alle an das Gefühl seliger Geborgenheit, das sich einstellte, wenn man mit einem guten Buch unter der Decke steckte.

Das geheime nächtliche Lesen der Kindheit ist eine magische Handlung. Solange man liest, kann einem nichts passieren, die Monster bleiben, wo sie sind, die Spinne seilt sich nicht ab an ihrem seidenen Faden – wenig hat mich als Kind so erschüttert wie jene Statistik, der zufolge jeder Mensch im Lauf seines Lebens im Schlaf drei bis vier Spinnen verschluckt – und Nöte wie nicht gemachte Hausaufgaben erscheinen als kleines Problem angesichts der Abenteuer, die von den Buchseiten aufsteigen.

Das Bett ist und bleibt auch später der bevorzugte Ort der meisten Lesenden. Es ist sicher und abgeschieden und seine Nähe zu Schlaf und Traum dem Lesen nicht abträglich.

Die Frage der idealen Position indes stellt sich durchaus: Liegt man lieber auf dem Bauch, stützt sich mit den Ellenbogen ab und schaut hinab auf das Buch, oder liegt man fromm und artig auf dem Rücken, den Kopf im Kissen, und stützt den Band auf der Brust ab, ganz so wie Eleonore von Aquitanien auf dem Deckel ihres Sarkophags? Die Steinfigur der 1204 gestorbenen Königin, die für ihre Bildung und Klugheit gerühmt wurde, hält mit beiden Händen ein aufgeschlagenes Buch.

Die Kombination von Bett und Buch ist eine Art von Zuhause, die sich immer wieder heraufbeschwören lässt, an fremden wie an vertrauten Orten. Doch nicht jedes Buch eignet sich gleichermaßen für die horizontale Lektüre. Krimis und Horrorgeschichten sind für viele die ideale Einschlafhilfe, während kontemplative oder philosophische Abhandlungen besser bei helllichtem Tag konsumiert werden. Tucholsky empfahl, man solle im Bett nur »leichte und unterhaltende Lektüre zu sich nehmen sowie spannende und beruhigende, ferner ganz schwere, wissenschaftliche und frivole sowie mittelschwere und jede sonstige, andere Arten aber nicht«. Der englische Schriftsteller W. H. Auden fand, dass Bücher möglichst im Gegensatz zum Ort ihrer Lektüre stehen sollten. Alberto Manguel stimmt dem zu: »Es gibt Bücher, die ich im Sessel lese, und es gibt Bücher, die ich an Schreibtischen lese, Bücher für die U-Bahn, die Straßenbahn und den Bus.« Und dann gibt es noch das stille Örtchen als Rückzugsort für ungestörte Lektüren, wie es schon James Joyce in »Ulysses« gefeiert hat. Leopold Bloom, die Zeitung unter den Arm geklemmt, sucht das Klohäuschen im Garten auf. Auf dem »Kackstuhl« liest er: »In Ruhe las er, seinen Drang noch unterdrückend, die erste Spalte und begann, schon nachgebend, doch mit Widerstreben noch, die zweite.« Umberto Eco schreibt dazu: »Der Rhythmus des Lesens folgt dem des Körpers, der Rhythmus des Körpers folgt dem des Lesens. Man liest nicht nur mit dem Kopf, man liest mit dem ganzen Körper, und deshalb können wir über einem Buch weinen oder lachen, und wenn wir etwas Schreckliches lesen, stehen uns die Haare zu Berge.« Darum empfiehlt er jenen, die vor der Erfahrung des Lesens noch ein wenig zurückschrecken, einen idealen Einstiegsort für die Gewohnheitslektüre: »Fangen Sie ruhig damit an, Bücher auf der Toilette zu lesen. Sie werden entdecken, dass auch Sie eine Seele haben.«

Die Frage, wie dunkel oder hell es beim Lesen sein sollte, gibt häufig den Ausschlag für oder gegen einen Leseort. Unter freiem Himmel und in der prallen Sonne, auf heißen Balkonen, in Gärten oder an Stränden zu lesen ist nicht jedermanns Sache. Mein Vater machte ungern Ferien in südlichen Gefilden, weil das Gleißen der Sonne auf den hellen Buchseiten und das leichte Schwitzen der Hand, die das Buch hielt, vom Kopf erst gar nicht zu sprechen, ihn beim Lesen störten. Früher belächelte ich solche Idiosynkrasien, heute neige ich selbst dazu und suche mir ein schattiges Plätzchen, um in Ruhe zu schmökern. Wundervoll hingegen ist das Lesen in den Bäumen, nicht nur bei Italo Calvino. Mit einem Buch auf einem dicken Ast zu sitzen, umgeben vom Rauschen der Blätter, während einem Kirschen, Birnen oder Pflaumen buchstäblich in den Mund wachsen, gehört zu meinen schönsten Kindheitserinnerungen. Insofern könnte ich mir auch ein Turmzimmer als idealen Leseraum vorstellen. Die veränderte Perspektive auch physisch nachzuvollziehen hat eine gewisse innere Logik.

Wichtig fürs Lesen ist die Vereinzelung, der Rückzug von der Welt mit ihrer Geschäftigkeit und ihren Zumutungen: dem Anspruch auf ordentliche Kleidung, auf das Empfangen von Besuchern, der Erwartung von gepflegter Konversation, vulgo Small Talk, dem Hin und Her der täglichen Pflichten. Wer sich ins Bett zurückzieht, signalisiert damit, dass er incommunicado ist, nicht gestört werden will. Das Bett ist ein Ort der Hingabe und der Aufgabe, der Ort des Liebens und des Sterbens, das Lager der Babys, der Alten und der Kranken. Wer im Bett liest, tut dies in der Regel nicht zwischendurch und auch nicht nur für fünf oder zehn Minuten. Bettlektüren sind für Marathonleser – jedenfalls, bis Morpheus' Arme ihnen das Buch aus der Hand nehmen.

Trotz seiner entrückten Bequemlichkeit kommt das Bett bei einer Umfrage im Rahmen der Kampagne »Vorsicht Buch!« im Auftrag des Börsenvereins des Deutschen Buchhandels nach den liebsten Buch-Leseorten nur an zweiter Stelle. Hier thront der Lesesessel beziehungsweise das Sofa ganz oben, gefolgt vom Bett, Garten/Balkon/Park, den Verkehrsmitteln Zug, S-Bahn und Flugzeug. Die Badewanne hat um einen Prozentpunkt die Nase vor dem stillen Örtchen.

Seltsamerweise wird nie die Buchhandlung als liebster Leseort angegeben, wenngleich es doch gerade dort von Lesern nur so wimmelt und man nach Herzenslust stöbern und in Bücher auch hineinlesen kann. Vermutlich ist genau das der Grund: Das Verkosten der Werke findet im Buchladen statt, die eigentliche Lektüre aber zu Hause. Man geht ja zum Trinken auch nicht zum Weinhändler. Dass man sich in Buchhandlungen außerdem nicht zwangsläufig in

Gesellschaft von Menschen befindet, die dem Lesen ähnlich verfallen sind wie man selbst, ist ein Umstand, über den nicht gern geredet wird. Von George Orwell stammt der großartige Aufsatz »Erinnerungen an eine Buchhandlung«, der dazu angetan ist, einem diesbezüglich die letzten Illusionen zu rauben. »Die meisten der Leute, die zu uns kamen, gehörten zu der Sorte, die man überall als lästig empfinden würde, denen sich aber in einem Buchladen ein besonders günstiges Betätigungsfeld bietet. Da ist zum Beispiel die liebe alte Dame, die ›ein Buch für einen Kranken‹ wünscht (ein sehr oft geäußerter Wunsch übrigens), oder die andere liebe alte Dame, die 1897 ein so wunderschönes Buch gelesen hat und nun gern wissen möchte, ob man hier ein Exemplar davon für sie finden könnte. Unglücklicherweise kann sie sich weder an den Titel noch an den Autor und gar den Inhalt des Buches erinnern, weiß aber noch ganz genau, dass es einen roten Einband hatte.« Sodann ist die Rede von all den Menschen, die Bücher bestellen, diese dann aber nie abholen kommen. Der Aushilfsbuchhändler Orwell kommt zu dem Schluss, dass es in einer Stadt wie London (oder in jeder anderen Großstadt, wie man hinzufügen möchte) »immer eine Menge nicht amtlich registrierter Geistesgestörter« gibt, die von Buchhandlungen geradezu magisch angezogen werden, »denn eine Buchhandlung ist einer der wenigen Orte, an denen man lange Zeit herumlungern kann, ohne Geld auszugeben«. Orwell, der in diesem Text unter anderem erklärt, warum er nicht Buchhändler geblieben ist, macht aber noch eine Beobachtung, die für die Frage, warum man in Buchhandlungen nicht unbedingt gern liest, relevant sein könnte: »Als Masse gesehen, fünf- oder zehntausend auf einmal, wirken Bücher langweilig und sogar leicht ekelerregend.« Über die Unübersichtlichkeit wird bis heute geklagt.

Ein besonders leseaffiner Ort ist der Zug. Unter lauter Fremden zu sein, sitzend, vor dem Fenster die Landschaft vorbeiziehen zu lassen, selbst keinerlei Einfluss auf Geschwindigkeit und Halt des Zuges zu haben und ab und zu beim Aufblicken die Menschen um sich herum betrachten zu können, als wären sie Teil einer Handlung, ist einfach herrlich. Es gibt wenige Situationen, in denen ich derart bereit bin, mich entführen und bezaubern zu lassen, wie die im Zug. Das funktioniert auch, wenn man zu der Kohorte der Pendler gehört und die Strecke so gut kennt, dass sich der Blick aus dem Fenster nur zum inneren Abhaken des Streckenverlaufs lohnt. Noch ein Grund, warum es sich im Zug so gut lesen lässt: Man kann zwischendurch einnicken und anschließend genau an der Stelle fortfahren, bei der einen der Schlaf übermannte – und keiner hat's gesehen.

Ein heimlicher Lese-Lieblingsort meiner Kindheit war das Klavier. Weil mir die tägliche Stunde

Üben, zu der ich verdonnert war, oft lang wurde, versteckte ich mein jeweiliges Buch zwischen den Notenblättern und improvisierte, vulgo: klimperte so vor mich hin, während ich fröhlich weiterlas. Sobald ich Schritte die Treppe heraufkommen hörte, schob ich rasch die Noten vor die Lektüre und setzte neu an. Mein Vater, der ein sehr viel wachsameres Ohr hatte als meine nachsichtige Mutter, wunderte sich am Wochenende oft, warum ich mit meinem Scarlatti, Bach oder Mozart so gar keine Fortschritte gemacht hatte – und ich wusste, dass dies ausnahmsweise nicht der Moment war, um auf die Bücherstapel zu verweisen, die ich gelesen hatte.

Womöglich wird in einigen Jahren die Einführung selbstfahrender Autos die Lesezeit enorm erhöhen, auch wenn die Prognosen darüber, wofür die Menschen die hinzugewonnene Zeit dann nutzen werden, weit auseinandergehen. Filmleute sehen die große Stunde des Schauens gekommen, Musiker hoffen darauf, das Cockpit in einen privaten Konzertsaal zu verwandeln, und auch als fahrender Schreibtisch wird das Auto sicher genutzt werden. Ich jedenfalls, die im Auto, wenn ich (noch) aufs Selbstlesen verzichten muss, gern Hörbücher höre, werde die Fahrzeit dann sicher mit Lektüre verbringen.

Während des Studiums fand ich, dass es kaum einen besseren Ort zum Lesen gibt als die Bibliothek – wobei die Pracht der Oxforder Bodleian Library sich auch bei häufigen Besuchen nicht abnutzt, sodass man die Augen dauernd vom Buch hebt und durch die Räume schweifen lässt. Der Connaisseur Alberto Manguel widerspricht dem Plädoyer für Bibliotheken als Leseorte. Er ist ein entschiedener Verfechter der Privatheit: »Beim Lesen in einer öffentlichen Bibliothek haben die Bücher nie dieselbe Würze wie etwa auf dem Dachboden oder in der Küche.« Gleichwohl hat eine Bibliothek für ernsthafte Leser unbestreitbare Vorteile. Zum einen ist man unter Gleichgesinnten, was immer erfreulich ist und einen Ansporn darstellt. Denn letztlich geht es beim Lesen in der Menge weniger um Solidarität als um Disziplin. Essen und Trinken ist nicht gestattet, und bevor sie laut schnarchend über einem Buch zusammensacken, gehen die meisten dann doch lieber nach Hause. Mit anderen Worten: Wer in Bibliotheken liest, bekommt einiges geschafft.

Marcel Reich-Ranicki hat stets betont, dass er Bücher, über die er sich äußern wolle, nie im Bett lese, sondern ordentlich gekleidet am Schreibtisch. Diese Geste des Respekts dem Buch gegenüber war ihm wichtig. Das kann ich sehr gut nachvollziehen. Meine persönliche Lieblingshaltung zum Lesen kommt interessanterweise in keiner Statistik vor. Denn ich lese am liebsten stehend. Nicht unbedingt an einem Pult, weil mir das mitunter zu unbeweglich ist, aber doch aufrecht. Will man das Buch nicht immerzu in der Hand halten, haben Küchentresen erfahrungsgemäß eine angenehmere Höhe als Tische. Je älter ich werde, desto weniger verspüre ich jedenfalls den Drang, mich mit einem Buch irgendwo zu fläzen – möglicherweise eine Deformation professionelle, die dem vielen auch beruflich bedingten Lesen Rechnung trägt. Hinzu kommt, dass ich mir in und zu Büchern gern Notizen mache; wenn ich dies aber liegend tue, kann ich später mein Gekritzel selbst nicht mehr entziffern. Außerdem habe ich festgestellt, dass Kugelschreiber und Bettwäsche, einmal zusammengebracht, nie wieder voneinander loskommen.

Wann aber ist die beste Zeit zum Lesen? Das ist in erster Linie Typfrage, und notorische Nachteulen werden darauf anders antworten als chronische Frühaufsteher. Passionierte Vielleser werden sagen: sooft es geht – wie Emmanuel Macron, der unlängst im Interview mit dem *Spiegel* bekannte: »Das Lesen habe ich nie aufgegeben. Ich lese jeden Abend, nachts und wann immer es mir tagsüber auf Reisen möglich ist. Ich habe immer gelesen.« Vermutlich werden Berufstätige antworten: abends, weil man vorher sowieso nicht dazu kommt. Und gewiss verleihen Nacht und Dunkelheit ringsum der Lektüre leicht jene Intimität, nach der sie ohnehin verlangt. Mindestens so herrlich aber ist es, am frühen Morgen zu lesen, wenn die innere Tafel über Nacht gewischt wurde und der Rest der Welt sich noch im Schlaf räkelt, anstatt Mails und Nachrichten zu verschicken: Da fühlt man sich dann aufnahmefähig wie der erste Leser eines Buchs, und auch darin liegt ein großer Reiz. Insofern beneide ich alle, die auch unter der Woche den Luxus des Lesens bei Tage genießen und nicht erst bis zum Einbruch der Nacht warten müssen, um mit letzter Kraft ein Buch aufzuschlagen.

Lesen und Trinken, Lesen und Essen

Wenn man sich etwas einverleibt, ist es bekanntlich verschwunden – »verschlungen schon hat es der schwarze Mund«, wie der Vorgang bei uns zu Hause in Abwandlung eines Verses aus Schillers »Die Taucher« hieß. Der Philosoph Francis Bacon brachte den Umstand, dass Schreiben, Lesen und Essen metaphorisch unbedingt zusammengehören, schon im 16. Jahrhundert auf den Garpunkt: »An manchen Büchern muss man naschen, andre wollen verschlungen sein, wieder andere gründlich gekaut und verdaut.« Sicher ist, dass im Lesen wie im Essen ein großer Trost liegen kann.

Das Mästen des Geistes ist auch darum so beliebt, weil man den Menschen eben immer nur vor den Kopf schaut und nicht hinein. »Wie auch immer ein Leser sich ein Buch aneignet, es endet damit, dass

Leser und Buch eins werden«, schreibt Alberto Manguel. »Die Welt als Buch wird verschlungen vom Leser, der ein Buchstabe im Text der Welt ist: So entsteht eine zirkuläre Metapher für die Endlosigkeit des Lesens.« Dieser Vorgang ist noch immer ein geheimnisvoller und absolut individueller; so wie manche Menschen unter einer Laktoseintoleranz oder Nussallergie leiden, können andere mit diesem oder jenem Genre partout nichts anfangen.

Dass die gleichzeitige Aufnahme von geistiger und körperlicher Nahrung nicht nur zwei Genüsse kombiniert, sondern die Wertschätzung der einen wie der anderen durchaus zu steigern vermag, wusste man schon in Abteien und Klöstern des Mittelalters. Die Mahlzeiten wurden (und werden bis heute) schweigend eingenommen, doch während des Essens las ein Mönch oder eine Nonne der Tischgesellschaft vor – und zwar nicht nur religiöse Schriften, sondern auch Welthaltiges. Da ein Buch uns ebenso Gesellschaft leisten kann wie ein Mensch, ist es bis heute durchaus üblich und keineswegs unhöflich, ein Buch als Gegenüber mit ins Restaurant zu nehmen.

Damit ist klar: Es gibt Tätigkeiten, die sich hervorragend mit dem Lesen verbinden lassen. Trinken ist die eine, Essen die andere. Über die Wechselwirkung zwischen diesen dreien ließe sich ein ganzes Buch schreiben; grundsätzlich darf vermutet werden, dass das Trinken für die produzierende Seite des Gewerbes, also die Autoren, einen besonderen Stellenwert einnimmt, wie Stichproben belegen, während die rezipierende Seite, also die Leser, häufiger nicht nur an den Inhalten zu kauen haben. Der Genuss guter Gedanken geht eben oft auch mit einer Wertschätzung für andere gute Dinge einher, die man sich auf der Zunge zergehen lassen kann. Auf Instagram ist die Kaffeetasse mit Milchschaum bei Buchbloggern ein fast schon omnipräsentes Accessoire. Ob es einen lesend eher zu Süßem oder Salzigem zieht, ist Geschmackssache; sicher ist, dass es für die Figur gefährlich ist, sich zu sehr an die Kombination von Lese- und tatsächlichem Futter zu gewöhnen. Boswell berichtet, dass der berühmte englische Lexikograf Samuel Johnson, dessen Körperfülle uns Porträts überliefern, während der Mahlzeiten stets ein Buch auf dem Schoß liegen hatte. Essen und Trinken sind Genüsse, die für den Leib ähnlich privat und intim sein können wie das Lesen für den Geist. Wie Charles Lamb, der große Shakespeare-Nacherzähler, bemerkte: »Ein Buch liest sich umso besser, wenn es uns gehört, wenn wir es so lange kennen, dass uns die Topografie der Kleckse, der Eselsohren vertraut ist, und wenn wir die Flecken darin auf den Tee und die Butterbrötchen zurückführen können, die wir beim Lesen zu uns genommen haben.«

Lesegeschwindigkeiten

Lesen kostet Zeit. Das Betrachten eines Bildes mag mitunter in einem Wimpernschlag geschehen, und Musik wird in vielen Fällen eher beiläufig konsumiert, als Hintergrundrauschen eben. Und selbst der Konzert- oder Opernabend ist nach dreieinhalb Stunden (mit Pause) zuverlässig vorüber – eine Zeitspanne, in der sich ungefähr ein schlankes Buch lesen lässt. Aber Bücher brauchen keine Fernbedienung, keine Tickets und keinen Gong, der Beginn oder Ende anmahnt. Literatur richtet sich allein nach uns, ihren Lesern. Das macht ihre Höflichkeit aus. Die Wörter, aus denen sie gemacht ist, können geschrieben oder gesprochen sein. Werden sie gesprochen, variieren Lautstärke, Tempo und Betonung je nach Vorlesendem. Werden sie gelesen, bestimmt allein der Lesende ihre Geschwindigkeit. Er kann seine Lektüre raffen oder dehnen, sie für kurze oder längere Intervalle unterbrechen, sie nach seinen Bedürfnissen gestalten. Ob jemand einen Roman in zwei Tagen oder zwei Wochen durchliest, sagt über die Qualität seiner Lektüre nichts aus.

Buchhändler, Rezensenten und Verlagsleute werden gern gefragt, ob sie besonders schnell läsen. Es gibt darauf keine rechte Antwort, weil es keine Maßeinheit gibt, nach der man Lesetempi bestimmt. Ergiebiger ist ohnehin der Wunsch, der die Lektüre leitet. Wenn ich es mir beispielsweise zur Aufgabe gesetzt habe, herauszufinden, warum manche Werke und Autoren bleiben und andere nicht, werde ich anders lesen als jemand, der nach der Auflösung eines Kriminalfalls giert. Wenn ich lese, um ein Buch rasch abhaken zu können, etwa weil es mir geschenkt wurde, aber nicht gefällt, werde ich es nicht Wort für Wort auseinandernehmen.

In meiner Erfahrung verlangsamt der Wunsch, etwas betont schnell zu lesen, die Lektüre eher. Wer immerzu schaut, wie viele Seiten oder Prozent er bereits geschafft hat, konzentriert sich automatisch weniger auf den Inhalt und muss häufiger zurückblättern. Dabei lohnt es sich, bewusst langsam zu lesen. Denn erst dann bemerkt man, dass Schriftsteller Worte benutzen wie ein Komponist Noten oder ein Maler Farbe. Es scheint offensichtlich, doch in Wahrheit denken wir viel zu selten darüber nach, dass Worte für Schriftsteller ein Rohstoff sind. Es ist das Material, aus dem im günstigsten Fall Literatur entsteht. Und so, wie sich die Leser fundamental in ihrem Temperament und Charakter unterscheiden, variiert auch ihr Lesetempo. Der gemäßigte Abenteurer hat Stift und Lesezeichen dabei, um seine Wegstrecke markieren zu können, die Raser, die stets den schnellsten Weg von A nach B nehmen, stürzen durch ein Buch hindurch, ohne sich Zeit für die Aussicht zu nehmen. Entsprechend sind die beiden gängigsten Geschwindigkeiten, Alberto Manguel zufolge, »atemlos von Ereignis zu Ereignis« hastend, wobei wenig Muße für das Auskosten der stilistischen und sprachlichen Feinheiten bleibt, oder aber das gemächliche Lesen, bei dem man den Text sorgfältig erforscht, die losen Enden zusammenfügt, dem Klang der Wörter nachlauscht und nach versteckten Bedeutungen sucht. Die Art, wie wir lesen, wird maßgeblich mitbestimmt von unseren jeweiligen Erwartungen an ein Buch – und die wiederum sind häufig geprägt von Titel, Aufmachung und den Reaktionen anderer Leser. Denn wir unterstellen unseren Lektüren, oder vielmehr ihren Verfassern, bestimmte Absichten, und diese wiederum haben Einfluss darauf, wie wir uns einem Buch nähern.

Im Magazin *Atlantic Monthly* hat die amerikanische Journalistin Maura Kelly vor einigen Jahren zu einem »Slow Books Movement« aufgerufen, da wir ihrer Meinung nach mindestens so besorgt um unsere geistige Gesundheit sein müssten wie um unser körperliches Wohlbefinden. Um gegen die Bildschirme anzukommen, die uns aus jeder Ecke anblinkten, vom Flughafen bis zum Sportstudio, von der U-Bahn bis zum Taxi, von der Wohnzimmerwand bis in unsere Handfläche, sei nicht nur Essen zu einer schnellen, auf simple Sättigung fokussierten (und übrigens vom Privaten mehr und mehr in den öffentlichen Raum verlagerten) Angelegenheit geworden, son-

83

dern auch Unterhaltung. Darum sollten wir, Kelly zufolge, uns Auszeiten für Literatur reservieren, für die Lektüre von Büchern, deren Niederschrift ebenso Zeit beansprucht hat wie ihre Lektüre, die uns dann aber auch gedanklich länger begleiten. Sie rät zu einem Pensum von zunächst dreißig Minuten *Slow Reading* am Tag. Ob man analog liest oder digital, hält die Initiatorin des »Slow Books Movement« interessanterweise für irrelevant. Zentral ist allein, was gelesen wird, und dass es bewusst geschieht. Blogs, Zeitungsartikel oder Magazine zählen nicht, auch Sachbücher werden nicht anerkannt.

Es kann sich lohnen, eine Lektüre in Bezug zu setzen zu der Zeit, die man mit ihr zu verbringen gedenkt. Wer täglich in der S-Bahn eine Viertelstunde Lesezeit hat, nimmt womöglich ein anderes Buch mit als derjenige, der sich ein verregnetes Wochenende vertreiben will. Oft wundere ich mich darüber, dass Bände mit Erzählungen und Short Storys in unseren fragmentierten Leben noch nicht rehabilitiert sind: Sie eignen sich hervorragend für Reisen oder Wartezimmer, für die zahllosen kleinen Zeitfenster, die wir mit echten Inhalten statt bei Facebook oder mit dem Checken von Mails füllen könnten. Der große Wälzer über unsere Gegenwart, die neueste Great American Novel oder Klassiker, deren Lektüre mehr Stunden, Ausdauer und Konzentration erfordern, warten geduldig daheim auf unsere Rückkehr.

Ordnungsfragen

Bücher für unterwegs, für zu Hause, für zwischendurch, für ganze Tage, für immer wieder – das könnte ein Ordnungsprinzip für eine Bibliothek sein. Die Frage, wie man seine Bücher ordnet, beschäftigt fast jeden Leser früher oder später. Mich hat immer die persönlich chronologische Ordnung fasziniert: Da Lesen ein kumulativer Zeitvertreib ist, weil jede Lektüre auf die vorangegangene aufbaut, bildet eine Bibliothek, bei der die Bücher in der Reihenfolge ihrer Lektüre angeordnet sind, auf unmittelbare Weise die geistige Evolution ihres Besitzers ab. Doch da zu den größten Freuden eines Leselebens das Wiederlesen zählt und zu den schönsten Beruhigungen der stetig wachsende Stapel an Büchern, die man noch lesen will, lässt sich diese Ordnung fast nicht herstellen oder jedenfalls nicht gültig durchhalten. Mein bibliophiler Gewährsmann Alberto Manguel jedenfalls gliedert seine – aufgrund häufiger Umzüge stark geschrumpfte – Bibliothek in drei Bereiche: »… in solche, die ich kaum jemals las, in andere, die ich immer wieder las, und in jene, die ich eines Tages zu lesen hoffte«.

Über die praktischsten, außergewöhnlichsten, ästhetisch durchdachtesten und architektonisch anspruchsvollsten Privatbibliotheken gibt es zahlreiche Bildbände. Frei nach Kästners Diktum »Entweder man lebt, oder man ist konsequent« gibt es bewährte Ordnungsprinzipien und stetig wachsende Bestände. Die meisten Menschen sortieren ihre Bücher alphabetisch nach Autorennamen. Andere unterteilen ihre Bestände zunächst nach Herkunft – etwa in englische, amerikanische, französische, deutsche, italienische, russische Literatur – und innerhalb dieser Sektionen wiederum alphabetisch. Andere sortieren nach Genre: Romane, Lyrik, Essays, Dramen, Reiseberichte, Briefe, Biografien et cetera. Es gibt auch Bibliotheken, die nach Farbe der Buchrücken geordnet sind – in der Regel war hier nicht ein Leser, sondern eher ein Innendekorateur am Werk. Und die ganz Verwegenen stellen ihre Bücher mit dem Rücken zur Wand, sodass die Bände sich mit den Seiten, auch Schnitt genannt, zum Betrachter wenden. Der Effekt dieser kollektiven Verweigerung ist optisch berückend, legt aber den Eindruck nahe, dass die Auswahl der Bücher eine beliebige ist.

Wenn schon die Einrichtung einer einzelnen Bibliothek mit Mühsal verbunden ist, gilt das erst recht für die Zusammenlegung von zweien. Welche Konflikte und Spannungen das mit sich bringt, schildert die amerikanische Autorin und Bibliomanin Anne Fadiman in ihrem hinreißenden Buch »Ex Libris«. Nachdem Fadiman und ihr Mann George fünf Ehejahre und ein Kind hinter sich haben, scheint ihnen, dass »die notwendige Reife für die tief greifende Vertrautheit einer zusammengeführten Bibliothek« erreicht ist. Zunächst muss ein Ordnungsmuster her, mit dessen Hilfe jeder der beiden seine jeweiligen Bücher wiederfinden kann. »Wir einigten uns darauf, die Bücher nach Themen zu sortieren – Geschichte, Psychologie, Natur, Reisen und so fort. Die Literatur sollte nach Ländern unterteilt werden […] So viel zu den Grundregeln. Doch Schwierigkeiten stellten sich ein, als ich mein Vorhaben publik machte, englische Literatur chronologisch zu ordnen, amerikanische hingegen alphabetisch nach Autorennamen.« So konnten zum Beispiel die Viktorianer als Familie unter sich bleiben. Da aber etwa die amerikanische Literatur größtenteils dem 20. Jahrhundert entstammt, wurde eine chronologische Ordnung für diese Sektion wiederum als zu aufwendig verworfen. Fadiman beruft sich auf Susan Sontag, die in einem Interview gesagt hatte, die Vorstellung, »Pynchon neben Plato im Regal zu erblicken, sei ihr ein Greuel«. Als die wahre Prüfung aber erweist sich das Aussortieren der Dubletten, denn wie sich herausstellt, hat jeder von beiden zusätzliche Exemplare seiner Lieblingsbücher gehortet, für den Fall des Falles einer Trennung. »Wenn George seine zerlesene Ausgabe der ›Fahrt zum Leuchtturm‹ in den Papierkorb warf und ich meiner intimrosa Taschenbuchausgabe von Updikes ›Ehepaare‹ ade sagte, die ich als Teenager so eifrig gelesen hatte, dass sie sich in ein Triptychon aufgespalten hatte, dem ein Gummiband Einheit verlieh – ja, dann hätten wir gar keine andere Wahl als zusammenzubleiben. Dann hätten wir alle Brücken hinter uns abgebrochen.« Vielleicht ist die gemeinsame Immobilie als Ehekitt überbewertet. Mir scheint, die eigentliche Versicherung für lebenslanges Zusammenbleiben ist eine gemeinsame Bibliothek. Wer seine Bücher zusammenlegt, begründet damit einen Erinnerungsaustausch, der, beständig durch die Filter hinzugekommener Erfahrung gepresst, immer wieder erneuert und lebendig gehalten wird.

III. Was lesen? Von der Suche nach den richtigen Lektüren

»Man sollte überhaupt nur solche Bücher lesen, die einen beißen und stechen. Wenn das Buch, das wir lesen, uns nicht mit einem Faustschlag auf den Schädel weckt, wozu lesen wir dann das Buch?«

Franz Kafka

Die Kunst der Unterscheidung

Voltaires Diktum variierend, nach dem jede Art zu schreiben erlaubt ist, nur die langweilige nicht, könnte man sagen: Jede Art zu lesen ist erlaubt, solange man damit nicht mehr aufhören möchte. Und die dafür entscheidende Frage ist, wie man unter den vielen möglichen Büchern die richtigen findet. Denn wenngleich ein Zuviel von etwas Gutem durchaus herrlich sein kann, ist der Überfluss für die Leser wie für die Bücher selbst doch auch ein Problem, denn das Unterscheiden wird dadurch immer schwieriger. Also müssen Leser sich darin üben, eine Wahl zu treffen, ihre Wahl. Aber wie? Hier hat Umberto Eco einige nützliche Hinweise für uns parat. »Beispielsweise indem man sich fragt, ob das Buch, das man gerade in die Hand nehmen will, eines von denen ist, die man nach der Lektüre wegwerfen wird.« Für Eco ist der Drang, ein Buch besitzen zu wollen, ein Hauptkriterium für die Auswahl des Lesestoffs. Denn »ein Buch wegzuwerfen, nachdem man es gelesen hat, ist, wie wenn man eine Person nicht wiedersehen will, mit der man gerade ein sexuelles Verhältnis gehabt hat. Wenn das passiert, hat es sich nur um ein körperliches Bedürfnis gehandelt, nicht um Liebe.« Mit anderen Worten: Wenn wir kein Liebesverhältnis aufbauen können zu unseren Lektüren, wenn sie uns nicht persönlich etwas bedeuten und angehen, dann haben wir keine gute Wahl getroffen. Eco geht es um das Neue, die Lust am Entdecken, die Neugier auf das Buch. Wenn es sich lesend anfühlt wie das erste Mal, ist alles gut. Entdeckt man hingegen, dass es »jedes Mal so ist, als ob es das zweite Mal wäre, dann ist man reif zur Scheidung oder, bei Büchern, zum Wegwerfen«.

Grundsätzlich gilt: Ein Mangel an Neugier und Empathie ist keine gute Voraussetzung. »Ich kenne eine Reihe von Menschen, die von sich sagen, sie könnten keine Romane lesen, und mir ist aufgefallen, dass sie oft zu der Ansicht neigen, sie könnten sich, weil sie mit wichtigen Dingen zu tun haben, nicht mit imaginären Ereignissen abgeben«, bemerkte William Somerset Maugham einmal. »Doch da täuschen sie sich. Entweder sind diese Menschen so mit sich beschäftigt, dass sie sich nicht für andere interessieren, oder sie sind, weil sie keine Fantasie haben, nicht imstande, sich in die Welt von Romanfiguren einzufühlen und deren Freuden und Schmerzen nachzuvollziehen.«

Bekanntlich findet jeder in einem Roman etwas anderes, liest jeder sein eigenes Buch. Darum ist es so wichtig, seiner inneren Stimme zu vertrauen und sich auf sie zu verlassen. Ich glaube fest daran, dass Leser, die dem eigenen Urteil nicht trauen, auf Dauer die Freude an der Lektüre verlieren werden. Wem das gelegentlich schwerfällt, der berufe sich auf Anton Čechov, der von sich sagte: »Ich teile alle Bücher in zwei Sorten ein: solche, die mir gefallen, und solche, die mir nicht gefallen. Ein anderes Kriterium habe ich nicht.« Die spannende Frage ist, wie wir zu unserer Einschätzung von Büchern gelangen. Und das hat vor allem mit unserer Prägung zu tun, der Erziehung unserer Gefühle und unseres Geschmacks – zu der die Lektüren unserer Kinder- und Jugendjahre wiederum unmittelbar beitragen.

Mit der Suche nach dem richtigen Buch ist es ein wenig wie bei der Partnerwahl: Halb gezogen, halb hingesunken liest es sich am glücklichsten. Zum geheimnisvollen Pakt zwischen Buch und Leser gehört es, dass man mitunter den Eindruck hat, das Buch spreche allein zu mir, in diesem Moment meines Lebens, als sei es nur für mich geschrieben. Große Werke sind solche, die etwas Wesentliches zum Ausdruck bringen, was man selbst bereits empfunden hat, aber nicht benennen konnte. Diese geradezu unheimliche Fähigkeit der Bücher als Synchronsprecher seelischer Vorgänge wurde schon früh als Orakel genutzt, wo man sich mit einer bestimmten Frage einem Band – häufig der Bibel – näherte, diesen an einer zufälligen Stelle aufschlug und mit dem Finger auf die Seite stieß. Aus der betreffenden Passage leitete man dann Handlungsanweisungen für die Zukunft ab. Dass dies auch mit literarischen Werken funktioniert, bestätigen Selbstversuche. Die eigentliche Kunst besteht jedoch darin, sich dann tatsächlich an den eingeholten Rat zu halten.

Die Frage, warum jemand liest, was er liest, hat mich früher nicht sehr beschäftigt, vermutlich, weil ich von mir auf andere geschlossen habe. Für mich führt seit jeher ein Buch und ein Autor zum nächsten, ergibt sich aus einem Werk geradezu zwangsläufig die Lektüre eines anderen. Es ist eine Art Staffellauf, dessen Regeln sich indes für einen Außenstehenden kaum erschließen lassen. Mitunter sind es Motive, die von Werk zu Werk verfolgt werden, manchmal ist es eher eine Zeit, eine Atmosphäre oder ein Klima. Manchmal ist es ein aufmüpfiger, fragender oder kämpferischer Geist, der andere anzieht, manchmal Melancholie und das Gefühl der Unaufgelöstheit. Es kann ein innerer Drang zum Hinsehen sein wie eine momentane Notwendigkeit zum Wegschauen. Wir lassen uns leiten von Erinnerungsschwerpunkten und Erfahrungsinterpretationen, von Lebensthemen, Reiserouten, heimlichen Wünschen und nicht zuletzt Namen.

Eine gute Fährte kann auch der Wunsch nach einer möglichst umfassenden Kenntnis eines Œuvres sein. Wenn ich einen Schriftsteller für mich entdecke, möchte ich auch seine anderen Werke kennenlernen (wobei dieser leicht streberhafte Zwang der Jugend mit der Zeit deutlich nachlässt); preist ein Autor, den ich schätze, glaubwürdig einen anderen, folge ich gern der Empfehlung. Als Kind stellte ich mir vor, dass sich die Bücher in den Regalen des Nachts heimlich unterhielten und eines dem anderen sein Geheimnis verrate, dass Hänsel und Gretel sich mit Schneewittchen träfen, dass Kröterich aus »Der Wind in den Weiden« gelegentlich einen Plausch mit Hazel und Fiver aus »Watership Down« halte, dass Hobbit

Frodo Beutlin seine Vorräte mit Krabat teile, dass das Sams ein entfernter Cousin von Pumuckl sei, die Rote Zora sich mitsamt ihrer Bande auch im Krieg der Knöpfe sehr bewähren würde und Hauffs Zwerg Nase Andersens Mädchen mit den Schwefelhölzern tröste. Für mich bildeten die Heldinnen und Helden meiner Bücher eine verschworene Gemeinschaft, als wären sie Teil ein und desselben großen Wanderzirkus, der nur für mich als Zuschauer seine Kunststücke vollführt.

Diese Vorstellung löste sich auf, je näher meine Lektüren der Wirklichkeit kamen. Kinder lesen bekanntlich gerne »rauf«, suchen sich also bevorzugt Lektüren, die ihrem Alter voraus sind. (Später entdeckt man dann den Reiz der Regression, der Rückkehr in kindliche Welten.) Die Welt von »Königliche Hoheit«, das erste Werk Thomas Manns, das mein Vater mir mit zehn oder elf zu lesen gab, traf plötzlich auf Christiane F. und die Kinder vom Bahnhof Zoo, Flauberts Frédéric Moreau auf Charlotte Brontës Jane Eyre und Musils Törleß; dazwischen tummelten sich Scarlett O'Hara aus »Vom Winde verweht« oder Meg, Beth, Amy und Jo aus Louisa May Alcotts »Little Women«. Lesestoff gab es bei uns reichlich, nicht zuletzt, weil mein Vater bereitwillig den Rezensionsempfehlungen der *FAZ* folgte und das »Literarische Quartett« ab 1988 seine Hochzeit hatte – neben Filmen mit Hans Moser die einzige Fernsehsendung, die väterlicherseits Duldung fand. Mein größtes Glück aber war der ausgedehnte Besuch der Buchhandlung Thiele auf dem Münsteraner Prinzipalmarkt vor den großen Ferien. Hier ließ mich meine Mutter, die in kanonischen Fragen Auslauf wichtiger fand als Prinzipien, jeweils einen kleinen Turm an Büchern aussuchen, mit denen ich die langen Sommerferienwochen zu verbringen dachte. Wenn ich schließlich mit einer schweren Tüte den Laden verließ, war ich überglücklich – auch wenn ich selbst insgeheim zugeben musste, dass mir »Bille und Zottel« oder »TKKG« weniger bedeuteten als Jack Londons »Wolfsblut« oder der »Lederstrumpf«.

So dankbar ich heute für die Leselisten bin, die mein Vater mir zusammenstellte und die ich munter beackerte, so prägend war doch das Gefühl von unendlicher Freiheit, das sich auf dem Internat einstellte – und der Wunsch, aufs Internat zu gehen, wiederum entsprang der Idee von unverbrüchlicher Freundschaft und Gemeinschaft, wie ich sie als Einzelkind eben vor allem aus Büchern und nicht aus Schule oder Nachbarschaft kannte. Das UWC Atlantic College an der Südküste von Wales, eine Art Hogwarts vor J. K. Rowling, nur ohne Magie, liegt in idyllischer Einsamkeit im Vale of Glamorgan. Zu meiner Schulzeit, Anfang der Neunzigerjahre, gab es im St. Donat's Castle einen kleinen Kiosk, der zwei Stunden täglich Süßes und andere Notfallversorgungen (Zahnpasta, Shampoo, Taschentücher, Aspirin) verkaufte, und daneben einen Buchladen, der glänzend sortiert war mit alten und neuen Klassikern in Taschenbuchausgaben. Hier entdeckte ich Jane Austen und Virginia Woolf, Anthony Trollope und Rudyard Kipling, Seamus Heaney und Ted Hughes, Henry James und John Banville, Dodie Smith und Helene Hanff. Die Abwesenheit von Erwartungen, von Instanzen, die mir schon vor der Lektüre sagten, was ich anschließend darüber zu denken hätte, und die schlichtes Gefallen oder Nichtgefallen als Kriterien der Beurteilung nicht anerkannten, hat mich in dieser Zeit geformt und mir gezeigt, dass Lesen auch eine Lustfrage sein darf, ja muss.

Auch auf den Zufall als Beziehungsstifter kann man sich mitunter verlassen. Eine Art Flaschenbuchpost ist zum Beispiel das Bookcrossing Projekt, 2001 in den Vereinigten Staaten ins Leben gerufen mit der Mission, »Bücher in die Freiheit zu entlassen«. Bookcrossing ist eine weltweite Bewegung zur kostenlosen Weitergabe von Büchern. Bevor man es erstmals weitergibt, registriert man das Buch auf der Bookcrossing-Webseite www.bookcrossers.de, dann trägt man die ID in den Band ein und sucht sich einen öffentlichen Ort, an dem man ihn absichtlich liegen lässt – im Zugabteil, auf einer Parkbank (bei gutem Wetter), beim Friseur oder in einer Bar. Idealerweise wandert so ein Buch von Finder zu Finder, wobei jeder online seinen Kommentar zu der Lektüre abgeben kann und so die Leser miteinander in Kontakt treten. Allerdings vergehen von Station zu Station oft viele Wochen und Monate, und viele Bücher werden auch über Jahre nicht gefunden, insofern ist dieses freundlich gemeinte »Aussetzen« von lieb gewonnenen Werken nichts für Ungeduldige und zart Veranlagte.

Letztlich ist es allein das Lesen selbst, das Buch um Buch den Geschmack herausbildet. Die Errichtung dieses Echoraums, dieses mentalen Haushalts, von dem, was Borges die »Zauberhöhle« nannte, kann einem keiner abnehmen. Voraussetzung dafür ist, dass das Lesen einem erst zur Gewohnheit wird, dann zur zweiten Natur und schließlich zur Notwendigkeit. Die Herausforderung besteht dann darin, sich dieses Notwendigkeitsgefühl zu bewahren – auch über Jahre oder Lebensphasen hinweg, in denen es sich nicht zur Gänze ausleben lässt. Wer das Lesen vermisst, wenn er eine Zeit lang nicht dazu kommt, bleibt ein Leser.

Je mehr man liest, desto besser lernt man sich selbst kennen, erfährt, was einem gefällt und warum, und desto mehr Vertrauen gewinnt man ins eigene Urteil. Die meisten Leser wissen sehr genau, warum sie gerade einen Krimi oder »was fürs Herz« brauchen und wann ihnen der Sinn nach Höherem steht. Es bleibt aber nicht aus, dass das Bessere auch hier der Feind des Guten ist. Je mehr großartige Literatur man liest, je tiefer man in die Bücher und die Bücher in einen selbst vordringen, desto eher wird man von flachen Stilen und Handlungen enttäuscht und gelangweilt sein. Aber wann weiß man, ob man gerade ein Meisterwerk oder eher Mittelpracht vor sich hat und ob sich die Lektüre wirklich lohnt?

Schopenhauer, der ewige Geizhals, fand, das Leben sei zu kurz für schlechte Bücher; wenige Seiten sollten für die Einschätzung genügen. Ganz in seinem Sinn war auch der große (und großzügige) Diogenes-Verleger Daniel Keel der Meinung, dass die ersten Sätze eines Buches entscheidend seien; sie öffneten dem Leser die Tür und bäten ihn herein. Wenn man dann ein Buchgebäude betrete, in dem die Luft abgestanden und muffig sei, als wäre schon lange kein frischer Wind mehr hereingelassen worden, kehre man besser rasch um. Über die Frage, ob man Bücher zu Ende lesen sollte oder gar muss, lassen sich hitzige Debatten führen. Viele finden, das Dranbleiben ist eine Geste des Anstands Werk und Autor gegenüber, so wie man auch nicht mitten in einer Aufführung aufsteht und geht (was die meisten meines Erachtens nur deswegen nicht tun, weil sie dabei von anderen gesehen werden). Für mich ist Durchhalten bei Lektüren heute keine Leistung an sich mehr, sondern eher eine Frage des Selbstvertrauens: Warum soll ich Zeit mit Charakteren und Themen verbringen, die mich nicht interessieren? Der englische Schriftsteller

Tim Parks, der mit »Worüber wir sprechen, wenn wir über Bücher sprechen« ein so kluges wie kurzweiliges Buch übers Lesen geschrieben hat, bemerkt lakonisch: »Höchstens junge Leute, die sich noch immer von jenem Erfolgsstreben lenken lassen, das ihnen ehrgeizige Eltern eingeimpft haben, lesen verbissen weiter, auch wenn es ihnen kein Vergnügen bereitet.« Als unweigerlich älter werdender Leser muss man andere Konflikte austragen, in erster Linie den zwischen »meiner gesellschaftspolitischen Liberalität und meiner ästhetischen Belastbarkeit«, wie es die wunderbare Silvia Bovenschen in »Älter werden« einmal ausdrückte.

Im Verlag kann man, anders als ein privater Leser, Manuskripte auch an anderen testen. Neben strengen Philologen lasse er gern auch mal »normale Leseratten Manuskripte begutachten«, sagte Daniel Keel einmal im *Spiegel*-Interview, »zum Beispiel eine Kindergärtnerin und eine Nachttaxifahrerin«. Und zu guter Letzt empfahl er den »Käsetest«: Mit einem kleinen Instrument bohrt man eine Kostprobe heraus, dann weiß man, ob der ganze Käse reif ist oder nicht. »Ebenso kann man testen, ob eine Prosa reif ist. Den Plot, den Inhalt kann man einem Gutachten entnehmen, beim Käsetest geht es vor allem um die Sprache, den Stil, um Bilder, um Melodien – den Sound. All das, was eigentlich die Qualität eines Buches ausmacht.«

Insgesamt gilt: Die wirklich guten und die richtig schlechten Autoren erkennt man schnell. Die mittleren Autoren hingegen, die alles andere als übel, aber eben auch nicht herausragend sind, kosten Zeit – das ist im Verlag nicht anders als beim privaten Leser. Das sind die Bücher, die einen auf den ersten zwanzig, dreißig Seiten zwar nicht packen, aber auch nicht abschrecken und die man weiterliest in der Hoffnung, dass sich das Buch noch entwickeln wird. Mittlere Bücher erkennt man daran, dass man sie erst vom Ende her wirklich beurteilen kann – eine zeitraubende Angelegenheit. Ebenso gibt es Autoren, die brillant formulieren, aber letztlich wenig zu sagen haben und sich vom Ende her betrachtet als winziges Geschenk in einer riesigen Verpackung entpuppen.

Von wo aus beurteilen wir Bücher denn nun? Allein von ihrem Schluss her? Können und dürfen wir überhaupt Bücher kritisieren, die wir nicht ausgelesen haben? Auch hier gibt es keine unumstößliche Regel, sondern die Bücher selbst geben uns die Antwort. Romane wegzulegen, die *plot-driven* sind, in denen also die Handlung im Vordergrund steht und die darauf setzen, dass wir erfahren wollen, wie die Sache ausgeht, kommt per se schon einem negativen Urteil gleich. Für andere Bücher hingegen ist das Ende nicht entscheidend. »Tatsächlich ist das Beste, was wir uns von einem guten Schluss erhoffen können, dass er nicht ruiniert, was davor war«, behauptet Tim Parks, um alsdann die häretische Frage zu stellen: »Könnte es nicht sein, dass man mit der Bereitschaft, einmal ein hervorragendes Buch nicht bis zum bitteren Ende zu lesen, eigentlich dem Schriftsteller einen Gefallen tut, weil man ihn von der nahezu unmöglichen Aufgabe entlastet, sich elegant aus der Handlung zu stehlen?« Jeder kennt Fälle, in denen man ein Buch beschwingt beginnt. Es macht einem Vergnügen, doch dann legt man es weg und nimmt es nicht wieder zur Hand, ohne recht erklären zu können, warum. Nur: Würde man in diesem Fall behaupten, es gelesen zu haben? Es gar anderen weiterempfehlen? Parks findet, es wäre zumindest legitim. Und wenn Sie darauf achten, werden Sie möglicherweise bemerken, dass dies überproportional häufig mit Büchern geschieht, die gerade in aller Munde sind. Man meint, sie schon zu kennen, und weiß in etwa, worum es geht, sodass es zu einem Urteil nicht unbedingt die ganze Lektüre braucht.

Große Literatur hingegen spürt man, wenn man sie liest, wie einen Schauer, weil sie nicht nur geistig, sondern emotional etwas in Bewegung setzt. Und so trefflich sich über Geschmack und damit auch literarische Werke streiten lässt, so sehr darf, ja muss man sich doch selbst als Pars pro Toto nehmen. Die eigentliche Kunst besteht darin, unbefangen und unvoreingenommen zu bleiben, auf Bücher zuzugehen wie auf neue Bekannte, die potenzielle Freunde werden können.

Diese Unvoreingenommenheit ist nicht leicht zu wahren oder herzustellen, denn im Grunde werden uns ja die meisten Bücher vorgestellt – durch Buchhändler, Rezensionen, Empfehlungslisten, Blogs, Menschen, die sie uns schenken und damit eine Aussage über das Buch wie uns als Leser treffen. Darum bleibt das Stöbern in einer gut sortierten Buchhandlung für mich heute so reizvoll wie als Kind, denn dabei kann ich wie damals unbefangen Bücher für mich entdecken, als wäre es das erste Mal. Und das Gewicht der Tragetasche birgt nach wie vor Verheißung und Glücksgefühl des Beutemachens.

Susan Hill und die Frage:
Lesen wir genug Klassiker?

Selbstversuche sind in, vor allem wenn es um Entzug geht. Ständig überlegen wir, ob es auch mal ohne geht, ohne Handy, Internet, Auto, Kaffee, Alkohol, Zucker, Weizen. Die dazugehörigen Diagnosen tragen Namen wie Überreizung, Überforderung, Überlastung, Übermüdung. Im Gegensatz zu fast jedem anderen Zeitvertreib gibt es beim Lesen von Literatur kein Zuviel. Aber die Frage, was man lesen soll, ja lesen muss, stellt sich angesichts der Bildschirmfixie-

rung der Gegenwart und der zunehmend erzähleri-
schen Konkurrenz von Fernsehserien verschärfter
denn je.

Eines schönen Herbstmorgens, als sie auf der ver-
zweifelten Suche nach einem bestimmten Buch in ihren gut gefüllten Regalen über Dutzende von Bänden
stolperte, die sie schon lange nicht mehr abgestaubt,
geschweige denn gelesen hatte oder die sie, wie ihr da
bewusst wurde, eigentlich gern ein zweites Mal lesen
würde, beschloss die englische Schriftstellerin Susan
Hill, ein Jahr lang keine neuen Bücher mehr zu kaufen, sondern ausschließlich die zu lesen, die sie schon
besaß. Ihr sehr persönlicher, ausschweifender Erfah-
rungsbericht vom Wiederlesen alter Lieblinge und
Neuentdecken mancher Klassiker, »Howards End is
on the Landing« (2009), muss zwar Buchhändlern,
Verlegern und Agenten als Häresie erscheinen, macht
aber Lust, ihrem Beispiel zu folgen.

Ich bin kein neidischer Mensch, aber ich beneide
tatsächlich jeden, der die erste Lektüre von »Krieg
und Frieden« noch vor sich hat. Und finde es zugleich ungemein beruhigend, selbst noch viele Werke
ungelesen im Regal zu haben – wie eine volle Speise-
kammer für schlechte Zeiten. Wenn es um Klassiker
geht, ist es längst kein Tabu mehr, sich zu seinen
Leselücken zu bekennen, ja es ist geradezu Mode.
Michael Maar hat in der *FAZ* die schöne Reihe
»Mein erstes Mal« initiiert, in der Schriftsteller über

ihre verspätete Erstlektüre eines großen Werks schreiben. Maar selbst machte den Auftakt mit der Lektüre von Martins Walsers »Fliehendem Pferd«, Sibylle Lewitscharoff beschrieb ihre Eindrücke beim »Doktor Faustus«, Brigitte Kronauer beschäftigte sich mit der *Ilias* und Michael Kleeberg mit Heimito von Doderers »Strudelhofstiege«. Neben den klassischen Klassiker-Verlagen wie Reclam und Manesse investieren längst auch viele andere Häuser in Neuübersetzungen von Klassikern und bringen sie in Ausgaben heraus, die auch haptisch besonders ausgestattet sind. Das Befragen der Meisterwerke der Vergangenheit lohnt immer, für Schreibende wie Lesende.

Klassiker sind dauernd in. Man muss sich nicht den Kopf über ihren Wert und ihre Wichtigkeit zerbrechen, und noch dazu verbessert ihre Kenntnis das Allgemeinwissen – und den Charakter. Joseph Brodsky etwa war der Auffassung, dass es für einen, »der Charles Dickens gelesen hat, problematischer ist, seine Mitmenschen im Namen einer Idee zu töten, als für einen anderen, der nichts von Dickens gelesen hat«. Und er fügte hinzu: »Ich spreche hier nicht allein von Dickens, sondern auch von Sterne, Stendhal, Dostojewski, Flaubert, Balzac, Melville, Proust, Musil und so weiter; das heißt, ich spreche von Literatur, nicht bloß von Belesenheit oder Bildung.« Wer also Zeit in diese Lektüren investiert, hat grundsätzlich schon mal keine vergeudet. Ich selbst habe oft den Eindruck, dass gerade beim Lesen unumstößlich großer Literatur, was die Klassiker ja sind, der reinigende Effekt besonders groß ist. »Kunst wäscht den Staub des Alltags von der Seele«, sagte Picasso, und wer wüsste bei Versen von Emily Dickinson oder Wisława Szymborska nicht, was er damit meinte?

Aber die Vergangenheit ist auch ein sicherer, bekannter Raum. Die Risiken bei Lektüre und Beurteilung zeitgenössischer Werke hingegen sind wesentlich größer. »Wir betreten brennenden Boden«, schrieb der englische Kritiker Matthew Arnold bereits 1880, »wenn wir uns der Dichtung von Zeiten nähern, die uns so nahe sind, deren Beurteilung oft genug nicht nur persönlich, sondern persönlich und leidenschaftlich zugleich ist.« Ihm ging es um Zeitgenossen wie Byron, Shelley und Wordsworth, aber seine Einschätzung hat auch nach bald 140 Jahren nichts von ihrer Gültigkeit verloren.

Virginia Woolf schrieb in ihrem Aufsatz »Wie es einen Zeitgenossen berührt« ein flammendes Plädoyer für das Gefühl der Sicherheit, das einen beim Lesen großer Literatur überkommt – und zwar nicht nur der intellektuell überragenden, sondern auch bei jenen Autoren, die von großen Männern lange wegen des Vergnügens, das ihre Werke bereiten, in die zweite Reihe gestellt wurden, wie Walter Scott oder Jane Austen. Woolf verteidigt die zwei mit Verve: »In beiden findet sich die natürliche Überzeugung, dass das Leben von einer bestimmten Qualität ist. Sie besitzen die Fähigkeit des Urteilens über Verhaltensformen. Sie kennen die Beziehungen der Menschen zueinander und zum Universum.« Immer wieder einmal erkennt die Nachwelt in einem vermeintlich zweitrangigen Autor früherer Zeiten *the real thing* und holt ihn aus der drohenden Vergessenheit: Von Eduard von Keyserling über Sándor Márai bis John Williams ließen sich hier viele Namen nennen. Damit Leser diese Entdeckungen machen können, müssen sie ihnen erst durch Neuausgaben und Wiederveröffentlichungen ermöglicht werden.

Übrigens fand Susan Hill, dass zwölf Monate beseelter Lektüre der Werke von vielen großen Männern und wenigen Frauen dann doch genug seien. Was zunächst so herrlich entspannend gewesen war, nämlich das gnädige Beiseitelegen von Literaturteilen, das Nichtmitredenmüssen bei Dinnerunterhaltungen über Neuerscheinungen, das Nichtaufsuchen von Buchhandlungen – das alles erwies sich nach einiger Zeit als zunehmend abgestanden und öde. Zwischen vielen Klassikern kann man sich fühlen wie in einem Mausoleum: Nachdem die Ehrfurcht nachgelassen hat, ist es dort vor allem einsam und auch ein bisschen kalt. Und wo die ersten Kapitel von Hills Buch noch eine ähnliche Wirkung haben wie die legendäre Restaurantszene im Film »Harry und Sally« (»Ich will genau das, was sie hat«), lässt der lektüreanregende Effekt nach einigen Kapiteln dann doch nach.

Das richtige Buch zur rechten Zeit

Der Reiz, den das Experiment von Susan Hill auf viele Leser unmittelbar ausübt, ist die Chance, Bücher, die einen entzückt, entrückt, entfesselt haben, endlich einmal wieder zu lesen – eine Begegnung, die ähnlich viel Verheißung, aber auch Risiko birgt wie das Wiedersehen mit einem lieben Freund nach vielen Jahren ohne Kontakt. Was, wenn man sich fremd geworden ist, nicht mehr weiß, was einen einst aneinander interessiert, angezogen und begeistert hat?

Für eine glückliche Lektüre ist das eigene Lebensalter ein entscheidender Faktor, ja manche halten dies mit Doris Lessing sogar für den »Schlüssel zum Vergnügen an der Literatur« schlechthin. Sie selbst habe mit acht, neun, zehn und elf Jahren anspruchsvollere Bücher gelesen als in den Jahren danach, als die Hormone zu »blubbern« begannen. Die intellektuelle Inkubations- beziehungsweise Verpuppungsphase währte aber nur kurz, denn mit sechzehn, »als mein Intellekt auf einmal explodierte, erkannte ich, dass es dort draußen diese ganze Welt der Bücher gab«. Aber die Bücher, die einen als jungen Erwachsenen ansprechen, sind in der Regel nicht diejenigen, die einem später am besten gefallen. Oftmals ist man über manche der verhandelten Probleme selbst hinaus oder hat andere, eigene Fragen ans Leben, die nicht darin thematisiert werden. Ich glaube, das ideale Buch ist immer etwas älter als sein Leser – nicht dem Kalender nach, sondern den gefühlten Jahresringen. Mit einem kleinen Vorsprung an Weisheit, Erfahrung, Nachsicht und (hoffentlich) Humor lässt es uns die eigenen Verklemmungen und Verwicklungen am besten erkennen.

Man muss aber nicht nur das richtige Buch vor sich haben, man muss auch selbst der richtige Leser sein. Der französische Schriftsteller Daniel Pennac hat die »zehn unantastbaren Rechte des Lesers« in seinem Buch »Wie ein Roman« aufgelistet:

1. Das Recht, nicht zu lesen
2. Das Recht, Seiten zu überspringen
3. Das Recht, ein Buch nicht zu Ende zu lesen
4. Das Recht, noch einmal zu lesen
5. Das Recht, irgendwas zu lesen
6. Das Recht auf Bovarysmus (d. h. den Roman als Leben zu sehen)
7. Das Recht, überall zu lesen
8. Das Recht, herumzuschmökern
9. Das Recht, laut zu lesen
10. Das Recht zu schweigen

Aber der Leser hat auch Pflichten. Das Bemühen umeinander muss gegenseitig sein; dann sind die Erfolgschancen deutlich größer. Virginia Woolf ärgerte sich darüber, dass angehenden Schriftstellern nie gesagt werde, dass der Kunde des Buches so wichtig sei wie dessen Inhalt, »obwohl das der Kern der ganzen Sache ist«. Und sie fährt fort: »Denn ein Buch wird immer für jemanden geschrieben, der es liest, und da der Kunde nicht bloß der Zahlmeister ist, sondern auch auf sehr subtile und listige Weise der Anstifter und Anreger des Geschriebenen, ist es von allergrößter Wichtigkeit, dass er jemand Erwünschtes sei.« Sie fährt fort, die Eigenschaften des Kunden und des literarischen Werks zueinander in Beziehung zu setzen, auf so erhellende, originelle und liebenswürdige Weise, dass man ihren kurzen Essay »Der Kunde und der Krokus« mindestens alle paar Jahre wieder lesen sollte. Denn er erinnert daran, dass es um eine Atmosphäre der Wertschätzung und der Wahrnehmung geht, die Leser und Lektüre zusammengehören lässt wie »Zwillinge, von denen der eine stirbt, wenn der andere stirbt, und der eine gedeiht, wenn der andere gedeiht; dass das Schicksal der Literatur von ihrem glücklichen Bündnis abhängt«. Erst der Leser vervollständigt das Buch, das ohne ihn keine Bedeutung und keinen Wert hätte. Die Erinnerung an diesen Pakt wertet jede Lektüre auf, und wenn sie noch so beiläufig scheint. Die Bücher brauchen uns, ihre Le-

109

ser, um zu atmen, zu leben. »Durch gute Leser wird ein Buch erst wahrhaft gut«, wie Ralph Waldo Emerson sagte. Und auch Brodsky beharrte darauf, dass ein Buch ein zuverlässiger Gesprächspartner sei als ein Freund oder eine Geliebte. Ein Roman ist kein Monolog, sondern eine Unterhaltung zwischen Autor und Leser, und zwar eine Unterhaltung, die sehr privater und fast misanthropischer Natur ist, »weil sie alle anderen ausschließt«. Für die Dauer dieser Unterhaltung ist der Autor dem Leser gleichgestellt – und umgekehrt. Lesen ist in unserer Gegenwart, da die meisten von uns hauptsächlich im »Sende«-Modus sind, dauernd überlegen, was wir als nächstes sagen, senden oder posten wollen, auch eine Form von Zuhören. Wer lesend auf »Empfangen«-Modus umschaltet, kulitiviert damit auch die Tugend des Zuhörens – und zwar nicht durch einen Kopfhörer, der uns von der Außenwelt abschottet.

Vom Zusammenleben mit Romanfiguren

Romane beeinflussen nicht nur unser Verhalten, sondern auch unsere Vorstellungen, möglicherweise sogar unsere Partnerwahl. Eine Lieblingsfrage an meine Schriftsteller-Gäste in der SWR-Sendung *lesenswert* war: »Mit welcher Romanfigur wären Sie gern verheiratet?« Vielleicht haben Sie Lust, sie in Ihrem

Bekanntenkreis einmal auszuprobieren; es kommt immer eine aufschlussreiche und vielschichtig spannende Antwort dabei heraus. Interessanterweise werden die drei großen Selbstmörderinnen Effi Briest, Emma Bovary und Anna Karenina besonders gern genannt, was auch daran liegen mag, dass sie zu den drei bekanntesten Heldinnen der Weltliteratur gehören. Jetzt raten Sie mal, welche der drei Kandidatinnen die meisten Anträge beim Lektüre-Tinder bekommt? Die Französin Emma Bovary – weil die Männer glauben, dass sie die – Achtung! – hübscheste, angenehmste und alltagstauglichste der drei Frauen sei. Oder jedenfalls die, die dank ihres Schöpfers Gustave Flaubert die Männer am genausten kenne: *»Madame Bovary c'est moi!«*

Das Schöne am Lesen ist nicht nur die Lektüre selbst, sondern es sind die vielen Charaktere aus Büchern, die sich im Kopf ansammeln, »die nachklingenden Schauer«, wie die irische Autorin Edna O'Brien es einmal nannte, »die Art, wie die Figuren in unserem Bewusstsein herumsausen, lange nachdem wir die Geschichte zu Ende gelesen haben«. Denn die Charaktere sprechen ja nicht nur zu den Autoren, die häufig davon berichten, dass sie eine bestimmte Idee oder Wendung der Handlung nicht gegen den Willen ihrer Protagonisten durchzusetzen vermochten, sondern auch zu den Lesern. Tatsächlich kann man als gewöhnlicher Sterblicher wehmütig werden angesichts des quicklebendigen Nach- und Weiterlebens von Romanfiguren.

Faszinierend ist daher die Idee einer »Enzyklopädie der Toten«, wie sie der große jugoslawische Schriftsteller Danilo Kiš in seiner gleichnamigen Erzählung entworfen hat. Kiš, dessen Vater als ungarischer Jude in Auschwitz ermordet wurde, war besessen vom Tod, die Idee einer umfassenden Bibliothek, in der dem Leben der Verstorbenen bis ins kleinste lebendige Detail gehuldigt wird, als Aufbäumen gegen das Schicksal bestimmend für sein ganzes Werk.

Doch es sind nicht nur schemenhaft vertraute Gestalten, die in unserer Vorstellung herumspuken. Anne Fadiman hat noch eine schöne Idee. Sie ist davon überzeugt, dass »jedermann in seiner Bibliothek ein Kuriositätenkabinett hat«. Darunter versteht sie eine »kleine und rätselhafte Auswahl von Büchern, deren Gegenstand in keinerlei Zusammenhang mit den übrigen Büchern des Hauses steht und die dennoch bei näherem Hinsehen eine ganze Menge über ihren Besitzer verraten«. Und sie nennt auch gleich literaturhistorische Beispiele. So habe George Orwells Kuriositätenkabinett eine Reihe gebundener Bündel von Damenzeitschriften aus der Zeit um 1860 enthalten, die er in der Badewanne durchzublättern pflegte. Philip Larkin hingegen habe Pornografie mit dem Fokus auf körperlicher Züchtigung des Allerwertesten gehortet, und sie selbst bekennt sich zu einer – vergleichsweise harmlosen – Sammlung von 64 Büchern über Polarexpeditionen. Diese Bücher seien für sie, schreibt Fadiman, so »gefühlsbefrachtet, dass sie genauso gut mit Robbentran vollgeschmiert und mit der Gischt des Weddellmeers durchtränkt sein könnten«. Woher diese Begeisterung für extreme Breitengrade, für Minusgrade, Frost und Schnee rührt, kann sie nicht sagen, »es würde Jahre auf der Couch eines Analytikers erfordern, ihre Wurzeln auszugraben«. Dennoch ist die Vorstellung des persönlichen und meist unter Verschluss gehaltenen Kuriositätenkabinetts eine reizvolle, nicht nur für Schriftstellerbiografen und das Literaturarchiv in Marbach. Mein Kuriositätenkabinett war über Jahrzehnte meine heimlich gepflegte Liebe zu Bilder- und Kinderbüchern, zu einer Zeit, als ich mir nie und nimmer hätte vorstellen können, selbst einmal Kinder zu haben. Die wiederum haben dadurch heute eine eigene kleine Bibliothek, auf die sie vor allem im Buchladen stolz sind, wenn sie auf einzelne Titel zeigen und sagen können: »Das haben wir auch!« Und welches Geheimnis bewahrt Ihre Bücherwand?

Kanon, Leselisten und Co.

»In welcher Sprache meine Bücher auch zu mir reden, ich rede mit ihnen in meiner Muttersprache.«

Michel de Montaigne

Als Literaturkritikerin machte mich kein Satz glücklicher als: »Ich habe eine Rezension von Ihnen gelesen und mir daraufhin gleich das Buch gekauft.« Andere zum Lesen anzuregen, anzustiften, vielleicht sogar zu verführen, ist nach der eigenen Lektüre die sinnvollste und beglückendste Tätigkeit, die ich mir denken kann, und auch als Verlegerin möchte ich in erster Linie Bücher und Leser zusammenbringen. Dann noch Nichtleser oder Nicht-mehr-Leser wieder zum Lesen zu bekehren, das wäre das Größte. Aber ich wollte andere noch nie belehren oder zu ihrem Glück zwingen, und obwohl ich selbst enorm von ihnen profitiert habe, glaube ich nur bedingt an verordnete Lektüren jenseits des schulischen Lehrplans. Der Geist, in dem Leser und Buch zusammenkommen, muss ein freiwilliger sein, das hat das Lesen mit dem Lieben gemein. Darum kann dieses Büchlein niemandem sagen, was er lesen soll, sondern ihn höchstens darin bestärken, sich auf den Schwingen der Literatur auf eine lebenslange Entdeckungsreise zu begeben.

»Wer an einem guten Roman keine Freude findet, muss unerträglich dumm sein«, schreibt Jane Austen in der »Abtei von Northanger«. Früher dachte man so. Vermittlung war eine Frage von Bildung und Intelligenz, heute ist es vor allem eine von Zeit. Das ist ein riesiger Fortschritt. Aber möglicherweise haben wir verlernt, was Muße bedeutet. Und geradezu Angst davor, einfach mal die Hände in den Schoß zu legen und Löcher in die Luft zu starren, weil sie sich nicht fotografieren und in den sogenannten sozialen Medien »teilen« lassen. Vielleicht haben die zeitintensiven, konzentrierten und versunkenen, eben tiefen Lektüren deshalb einen zunehmend schweren Stand, weil sich das Glück, das sie bereiten, nicht ablichten, nicht filmen und nicht herumzeigen lässt. Weil es jeder nur für sich erleben kann. Er mag anschließend davon erzählen, darüber schreiben, einer Lese-Community oder einem Literaturzirkel beitreten, das jeweilige Buch empfehlen und verschenken, aber das Wesentliche des Vorgangs bleibt für andere Augen unsichtbar.

Wenn Sie einen Lektürekompass, einen Wegweiser brauchen, finden Sie Buchhändler, Zeitungen, Literaturkritiker, Buchblogger und Co-Leser Ihres Vertrauens. Lassen Sie sich inspirieren, aber auch von Ihrem eigenen Geschmack und Instinkt leiten. Vertrauen Sie Ihrem eigenen Urteil. Leisten Sie sich aber auch den Luxus, nicht zu jedem Buch eine Meinung zu haben. Relevanz hat, was Ihnen hier und jetzt als Leser etwas bedeutet. Lassen Sie zu, dass Ihr Geschmack sich ändert. Erinnern Sie sich ab und an daran, dass jede Buchseite irgendwann einmal als leeres Blatt begonnen hat. Und betrachten Sie jede gute Lektüre als Stärkung des Immunsystems. Joseph Brodsky schärft es uns nachdrücklich ein: »Jede ästhetische Wahl ist eine hochindividuelle Angelegenheit, und die ästhetische Erfahrung ist immer privater Art […]. Je substanzieller die ästhetische Erfahrung eines Menschen ist, je gesunder sein Geschmack, desto schärfer ist auch seine moralische Urteilskraft und desto freier – wenn auch nicht unbedingt glücklicher – ist er.«

Lassen Sie sich von der Schriftstellerin Ann Patchett inspirieren, die in Nashville, Tennesee, einen florierenden Buchladen aufgemacht hat und uns in ihrem Aufsatz »Aus Liebe zum Buch« energisch daran erinnert, dass wir selbst die Zukunft bestimmen: »Wenn Ihnen das, was eine Buchhandlung zu bieten hat, etwas bedeutet, dann kaufen Sie in einer Buchhandlung ein. Wenn Sie das Gefühl haben, dass die Erfahrung, ein Buch zu lesen, wertvoll ist, dann lesen Sie ein Buch. So verändern wir die Welt: Wir nehmen sie in die Hand. Wir verändern uns selbst.«

Die Freiheit, die uns Bücher gewähren, wird immer weniger selbstverständlich. Bis in unsere Gegenwart war das gesamte Wissen der Menschheit in Büchern verwahrt. Kein Algorithmus, so schnell er dieses Wissen auch verarbeitet und es ohne unsere Mitwirkung vervielfacht, wird dabei etwas empfinden. Literatur, die ein anderes Wissen über die Welt vermittelt als Fakten, wird für seine Intelligenz wertlos sein. Er wird das Gefühl nicht kennen, dass alles genau so ist, wie es sein sollte. »Man muss keine Bücher verbrennen, um eine Kultur zu zerstören«, sagte der amerikanische Science-Fiction-Schriftsteller Ray Bradbury. »Es reicht, die Leute dazu zu bringen, sie nicht mehr zu lesen.« Mehr denn je brauchen wir die Bücher, und die Bücher brauchen uns.

Und wer mehr übers Lesen lesen möchte

Alan Bennett: Die souveräne Leserin. Aus dem Englischen von Ingo Herzke, Wagenbach, Berlin 2008.

Stefan Bollmann: Frauen, die lesen, sind gefährlich. Lesende Frauen in Malerei und Fotografie, Elisabeth Sandmann Verlag, München 2005.

Jacques Bonnet: Meine vielseitigen Geliebten. Bekenntnisse eines Bibliomanen. Aus dem Französischen von Elisabeth Liebl, Droemer, München 2009.

Winston Churchill: Zum Zeitvertreib. Vom Lesen und Malen. Aus dem Englischen von Claus Sprick, Hoffmann und Campe, Hamburg 2014.

Stanislas Dehaene: Lesen. Die größte Erfindung der Menschheit und was dabei in unseren Köpfen passiert. Aus dem Französischen von Helmut Reuter, Knaus, München 2010.

Umberto Eco: Die Kunst des Bücherliebens. Aus dem Italienischen von Burkhart Kroeber, Hanser, München 2009.

Anne Fadiman: Ex Libris. Bekenntnisse einer Bibliomanin. Aus dem Amerikanischen von Melanie Walz, Schirmer Graf, München 2005.

Keith Houston: The Book. A Cover-to-Cover-Exploration of the Most Powerful Object of Our Time, Norton & Company, New York 2016.

Daniel Kampa (Hrsg.): Wunderbare Wörterwelt. Schriftsteller erzählen von ihren ersten Leseerfahrungen, Diogenes, Zürich 2009.

Jürgen Kaube: Die Anfänge von allem, Rowohlt Berlin, Berlin 2017.

Daniel Keel, Daniel Kampa (Hrsg.): Jetzt auf allen Bestsellerlisten! Geschichten vom Lesen, Schreiben und Büchermachen, Diogenes, Zürich 2012.

Vom Glück des Lesens und Gelesenwerdens. Manesse-Almanach auf das 60. Verlagsjahr, Manesse, Zürich 2004.

Alberto Manguel: Eine Geschichte des Lesens. Aus dem Englischen von Chris Hirte, S. Fischer, Frankfurt am Main 2012.

Ders.: Die Bibliothek bei Nacht. Aus dem Englischen von Manfred Allié und Gabriele Kempf-Allié, S. Fischer, Frankfurt am Main 2007.

Ders.: Tagebuch eines Lesers. Aus dem Englischen von Chris Hirte, S. Fischer, Frankfurt am Main 2005.

Guinevere de la Mare: I'd Rather Be Reading. A Library of Art for Book Lovers, Abrams & Chronicle Books, San Francisco 2017.

Rainer Moritz: Die Überlebensbibliothek. Bücher für alle Lebenslagen, Piper, München 2007.

Hanns-Josef Ortheil: Lesehunger. Ein Bücher-Menu in 12 Gängen, Luchterhand, München 2009.

Tim Parks: Worüber wir sprechen, wenn wir über Bücher sprechen. Aus dem Englischen von Ulrike Becker und Ruth Keen, Antje Kunstmann, München 2016.

Ann Patchett: Aus Liebe zum Buch. Aus dem Amerikanischen von Marion Hertle, Atlantik, Hamburg 2016.

Klaus Piper: Lesen heißt doppelt leben, Piper, München 2000.

Francine Prose: Reading Like a Writer. A Guide for People Who Love Books and for Those Who Want to Write Them, Aurum Press, London 2012.

Marcel Proust: Tage des Lesens. Drei Essays. Aus dem Französischen von Helmut Scheffel, Insel Verlag, Frankfurt am Main 2001.

Marcel Reich-Ranicki: Mein Leben, Deutsche Verlags-Anstalt, Stuttgart 1999.

Karin Schneuwly: Glück besteht aus Buchstaben, Nagel & Kimche, Zürich 2017.

Will Schwalbe: Books for living, Knopf, New York 2016.

Klaus Siblewski, Hanns-Josef Ortheil (Hrsg.): Die ideale Lesung, Dieterich'sche Verlagsbuchhandlung, Mainz 2017.

William Somerset Maugham: Books and You. Eine kleine persönliche Geschichte der Weltliteratur. Aus dem Englischen von Matthias Fienbork, Diogenes, Zürich 2006.

Thomas Tebbe (Hrsg.): Wenn Kopf und Buch zusammenstoßen. Ein Lesebuch übers Lesen, Piper, München 1998.

Daniel T. Willingham: The Reading Mind. A Cognitive Approach to Understanding How the Mind Reads, Jossey-Bass, San Francisco 2017.

Maryanne Wolf: Das lesende Gehirn. Wie der Mensch zum Lesen kam – und was es in unseren Köpfen bewirkt. Aus dem Amerikanischen von Martina Wiese, Spektrum, Heidelberg 2009.

Virginia Woolf: Der gewöhnliche Leser. Essays. Hrsg. von Klaus Reichert. Aus dem Englischen von Hannelore Faden und Helmut Viebrock, S. Fischer, Frankfurt am Main 1997.

Damon Young: The Art of Reading, Melbourne University Press, Melbourne 2016.

Abdrucknachweise

Die Zitate im Text stammen aus folgenden Büchern und Quellen:

Jean Améry: Jenseits von Schuld und Sühne. Unmeisterliche Wanderjahre. Örtlichkeiten. (Werkausgabe Band 2.) Hrsg. von Irene Heidelberger-Leonard und Gerhard Scheit, Klett-Cotta, Stuttgart 2002.

Matthew Arnold, aus: Virginia Woolf, Der gewöhnliche Leser. Essays. Hrsg. von Klaus Reichert. Aus dem Englischen von Hannelore Faden und Helmut Viebrock, S. Fischer, Frankfurt am Main 1997.

Margret Atwood: Dankrede zur Verleihung des Friedenspreises. In: Margaret Atwood: Friedenspreis des Deutschen Buchhandels 2017. Ansprachen aus Anlass der Verleihung, MVV, Frankfurt am Main 2017.

Jane Austen: Emma. Aus dem Englischen von Angelika Beck, Insel Verlag, Berlin 2017.

Dies.: Mansfield Park. Aus dem Englischen von Angelika Beck, Insel Verlag, Berlin 2017.

Dies.: Die Abtei von Northanger. Aus dem Englischen von Margarete Rauchenberger, Insel Verlag, Berlin 2013.

Witziges und Weises, Geniales und Gemeines von Jane Austen, Hrsg. von Katrin Eisner, Insel Verlag, Berlin 2017.

Alan Bennett: Die souveräne Leserin. Aus dem Englischen von Ingo Herzke, Wagenbach, Berlin 2008.

Stefan Bollmann: Frauen, die lesen, sind gefährlich. Lesende Frauen in Malerei und Fotografie. Mit einem Vorwort von Elke Heidenreich, Elisabeth Sandmann Verlag, München 2005.

Jacques Bonnet: Meine vielseitigen Geliebten. Bekenntnisse eines Bibliomanen. Aus dem Französischen von Elisabeth Liebl, Droemer, München 2009.

Jorge Luis Borges: Gesammelte Werke in 12 Bänden. Band 4. Der Essays vierter Teil: Borges, mündlich/Sieben Nächte/ Neun danteske Essays/Persönliche Bibliothek. Hrsg. und übersetzt von Gisbert Haefs und Fritz Arnold, Hanser Verlag, München 2004.

Silvia Bovenschen: Älter werden. Notizen. S. Fischer, Frankfurt am Main 2006.

Ray Bradbury: Fahrenheit 451. Aus dem Amerikanischen von Fritz Güttinger. Diogenes, Zürich 2008.

Joseph Brodsky: Nobelpreisrede. Zitiert nach: Joseph Brodsky: Der Staat ist von gestern, die Literatur ist von morgen. In: *Die Zeit* 17/1988. Aus dem Englischen von Hans Christoph Buch.

Anton Čechov: Über Theater. Hrsg. von Jutta Hercher und Peter Urban. Übersetzt von Peter Urban, Verlag der Autoren, Frankfurt am Main 2004.

Winston Churchill: Zum Zeitvertreib. Vom Lesen und Malen. Aus dem Englischen von Claus Sprick, Hoffmann und Campe, Hamburg 2014.

Mihály Csíkszentmihályi: Flow. Das Geheimnis des Glücks. Aus dem Amerikanischen von Annette Charpentier, Klett-Cotta, Stuttgart 2015.

Philippe Djian, zitiert aus: Warum lesen? Warum nicht? Gedanken und Sprüche. Ausgewählt von Daniel Keel und Daniel Kampa, Diogenes, Zürich 2008.

Marie von Ebner-Eschenbach, zitiert aus: Daniela Strigl: Berühmt sein ist nichts. Marie von Ebner-Eschenbach. Eine Biographie, Residenz, Salzburg 2016.

Umberto Eco: Die Kunst des Bücherliebens. Aus dem Italienischen von Burkhart Kroeber, Hanser, München 2009.

Anne Fadiman: Ex Libris. Bekenntnisse einer Bibliomanin. Aus dem Amerikanischen von Melanie Walz, Schirmer Graf, München 2005.

Deborah Feldman: Onorthodox. Eine autobiographische Erzählung. Aus dem amerikanischen Englisch von Christian Ruzicska, Secession Verlag, Zürich/Berlin 2016.

Elena Ferrante: Die Geschichte eines neuen Namens. Band 2 der Neapolitanischen Saga (Jugendzeit). Aus dem Italienischen von Karin Krieger, Suhrkamp, Frankfurt am Main 2017.

Ludwig Feuerbach: Gesammelte Werke in zwölf Bänden. Band I, Frühe Schriften, Kritiken und Reflexionen (1828–1834). Hrsg. von Werner Schuffenhauer. DeGruyter, Berlin 2000.

François de La Rochefoucauld: Maximes et réflections morales/ Maximen und Reflexionen. Französisch/Deutsch. Übersetzt und hrsg. von Jürgen von Stackelberg, Reclam, Stuttgart 2012.

Yuval Noah Harari: Homo Deus. Eine Geschichte von Morgen. Aus dem Englischen von Andreas Wirthensohn, C.H.Beck, München 2017.

James Joyce: Ulysses. Übersetzt von Hans Wollschläger, Suhrkamp, Frankfurt am Main 2006.

Erich Kästner: Die kleine Freiheit. Chansons und Prosa 1949–1952, dtv, München 1989.

Franz Kafka: Briefe 1902–1924. Hrsg. von Hans-Gerd Koch, Fischer, Frankfurt 1998.

Jürgen Kaube: Die Anfänge von allem, Rowohlt Berlin, Berlin 2017.

Daniel Keel im Gespräch mit Martin Meggle, zitiert aus: In Memoriam Daniel Keel 1930–2011: Eine Hommage. Diogenes, Zürich 2011.

Daniel Keel im Interviews mit Matthias Matussek und Volker Hage, Der Spiegel 40/2007.

Karl Kraus, Sprüche und Widersprüche. Pro Domo Et Mundo. Nachts. Hrsg. von Christian Wagenknecht, Suhrkamp, Frankfurt am Main 1986.

Charles Lamb, Norbert Miller: Eine Abhandlung über Schweinebraten. Essays. Ausgewählt, übersetzt und mit einem Vorwort von Joachim Kalka, Berenberg, Berlin 2014.

Doris Lessing, aus dem Englischen von Marion Hertle, zitiert aus: Wunderbare Wörterwelt. Schriftsteller erzählen von ihren ersten Leseerfahrungen. Zusammengestellt von Daniel Kampa, Diogenes, Zürich 2009.

Emmanuel Macron im Interview mit Klaus Brinkbäumer, Julia Amalia Heyer und Britta Sandberg, *Der Spiegel* 42/2017.

Madonna, zitiert aus: Warum lesen? Warum nicht? Gedanken und Sprüche. Ausgewählt von Daniel Keel und Daniel Kampa, Diogenes, Zürich 2008.

Alberto Manguel: Eine Geschichte des Lesens. Aus dem Englischen von Chris Hirte, S. Fischer, Frankfurt am Main 2012.

Ders.: Die Bibliothek bei Nacht. Aus dem Englischen von Manfred Allié und Gabriele Kempf-Allié, S. Fischer, Frankfurt am Main 2007.

Ders.: Tagebuch eines Lesers. Aus dem Englischen von Chris Hirte, S. Fischer, Frankfurt am Main 2005.

Kinsey Marable, zitiert aus: NZZ Folio: Bibliotheken, Ausgabe August 2017.

Michel de Montaigne, zitiert aus: Vom Glück des Lesens und Gelesenwerdens. Manesse Almanach auf das 60. Verlagsjahr. 600 Aphorismen samt einem chronologischen Verzeichnis aller erschienenen Bücher 1944–2004, Manesse, Zürich 2004.

Evgeny Morozov, Der Preis der Heuchelei. In: Frankfurter Allgemeine Zeitung vom 24. Juli 2013. Aus dem Englischen von Matthias Fienbork.

Edna O'Brien, Lese-Offenbarung, aus dem Englischen übersetzt von Marion Hertle, zitiert aus: Wunderbare Wörterwelt. Schriftsteller erzählen von ihren ersten Leseerfahrungen. Zusammengestellt von Daniel Kampa, Diogenes, Zürich 2009.

George Orwell: Das George Orwell Lesebuch. Aus dem Englischen von Tina Richter, Diogenes, Zürich 1981.

Tim Parks: Worüber wir sprechen, wenn wir über Bücher sprechen. Aus dem Englischen von Ulrike Becker und Ruth Keen, Antje Kunstmann, München 2016.

Ann Patchett: Aus Liebe zum Buch. Aus dem amerikanischen Englisch von Marion Hertle, Atlantik, Hamburg 2016.

Daniel Pennac: Wie ein Roman. Aus dem Französischen von Uli Aumüller, Kiepenheuer & Witsch, Köln 1994.

Marcel Proust: Tages des Lesens. Drei Essays. Aus dem Französischen von Helmut Scheffel, Insel Verlag, Frankfurt am Main 2001.

Marcel Reich-Ranicki: Mein Leben, Deutsche Verlags-Anstalt, Stuttgart 1999.

Johann Scheerer: Wir sind dann wohl die Angehörigen. Die Geschichte einer Entführung, Piper, München 2018.

William Somerset-Maugham: Books and You. Eine kleine persönliche Geschichte der Weltliteratur. Aus dem Englischen von Matthias Fienbork, Diogenes, Zürich 2006.

Susan Sontag, zitiert aus: Anne Fadiman: Ex Libris. Bekenntnisse einer Bibliomanin. Aus dem Amerikanischen von Melanie Walz, Schirmer Graf, München 2005.

Marie Stadler: Warum Lesen glücklicher macht als Netflixen. In: *Barbara* 22/2017.

Kurt Tucholsky, zitiert aus: Vom Glück des Lesens und Gelesenwerdens. Manesse Almanach auf das 60. Verlagsjahr. 600 Aphorismen samt einem chronologischen Verzeichnis aller erschienenen Bücher 1944–2004, Manesse, Zürich 2004.

Voltaire, zitiert aus: Warum lesen? Warum nicht? Gedanken und Sprüche. Ausgewählt von Daniel Keel und Daniel Kampa. Diogenes, Zürich 2008.

Roger Willemsen, Der Traum der Büchermenschen, in: Das große Lesebuch. Geschichten zum und über das Lesen. Hrsg. von Global Campaign for Education/Globale Bildungskampagne, Berlin 2009.

Virginia Woolf: Der gewöhnliche Leser. Essays. Hrsg. von Klaus Reichert. Aus dem Englischen von Hannelore Faden und Helmut Viebrock, S. Fischer, Frankfurt am Main 1997.